경쟁하기 싫은 경매 투자자들의 신세계
## 지분경매, 공유지분, 독점경매

경쟁하기 싫은 경매 투자자들의 신세계

# 지분경매, 공유지분, 독점경매

우형달, 최성남 지음

매일경제신문사

추천사

### 변화를 먼저 읽고 새로움을 추구하는 우형달 박사

저자는 본인에게는 몇 안 되는 믿음직한 후배이자 제자다. 다른 분야에 한눈팔지 않고 오랫동안 한 우물만을 우직스럽게 고집하는 자세가 그렇다. 경매 판에 어떤 흐름이나 현상이 나타나면 한두 걸음 먼저 변화를 감지하고, 그것을 책으로 써 대한민국 경매 투자자들에게 구체적인 도움과 안내자 역할을 톡톡히 하는 놀라운 재주를 가졌다. 우 박사가 지금까지 쓴 많은 책들이 이것을 증명하고 있다. 그런 그가 이번에는 전격적으로 '지분경매-공유지분-독점경매'라는 새로운 시장 개척을 선언했다.

### 남들과 경쟁하고 싶지 않다는 인간의 욕망을 자극

자기만의 아성을 구축하고 누구보다 높은 수익을 올리고 싶은 것은 인간이라면 당연하고도 건강한 본능이다. 우 박사가 이 책에서 전하려는 메시지는 지극히 간단하다. 우 박사는 '남들과 경쟁하지 않고, 독점하고 싶다!'라는 경매 투자자의 건강한 본능에 불을 지르고 있는 중이다. 그것도 '지분경매'라는 무기로 말이다. 대한민국 재테크 장르에서 부동산 법원 경매는 누가 뭐라고 해도 대중화의 길에 들어섰다.

### 우 박사의 책에는 구체적인 뭔가가 있다

어떤 사안에 대해 두루뭉술하게 넘어가지 못하는 우 박사의 성격이 이 책에서도 잘 나타나고 있다. 구체적으로 보면 돈 되는 지분물건을 찾아내는 노하우, 그것을 해결하는 방법, 경매 물건이 농지일 때 피할 수 없는 농지취득자격증명원 발급받는 노하우, 지분물건일 때 고가 응찰로 공유자우선매수청구권을 따돌리기, 임야를 낙찰받았을 때는 해당 지역의 산림조합에 문의하면 경락잔금 융자를 받을 수 있다는 등의 이야기는 다른 책에서는 찾아보기 어려우면서도 독자들에게 구체적으로 도움이 되는 내용들로 가득하다.

### '공유지분-독점경매-후순위 채권 매입' 사업도 시작한단다

경매 시장에서 대표적인 쓰레기채권(?)이라고 알려진, 배당 받지 못하는 후순위 채권(특히 후순위 가압류), 그리고 경매 진행 중인 지분물건은 속된 말로 개를 줘도 안 물어갈 채권들로 경매 투자자들 사이에 최악의 채권으로 인식돼 있단다. 그런데 우 박사는 그 속에서 진주를 발견하고, 그것을 매입하는 조직과 사업의 전국화를 공저자인 최성남 교수와 손 잡고 이뤄

나가고 있는 중이란다. 흔히 말하는 '고위험-고수익'이 아니라 '저위험(낮은 경쟁-저가 매입)-고수익'이라는 게 대단하다. 자신이 없으면 감히 시작할 수 없는 분야다.

어떤 노하우가 있는지 궁금하다. 우 박사는 그중 일부를 이 책 속에 녹여 놓았단다. 인연이 되는 분들과는 이미 시동이 걸린 '공유지분-독점경매' 전국화 사업에 동참도 가능하단다. 들리는 말로는 서울동부지방법원 앞 문정동 팀과 서울 강변역에 있는 강변테크노마트에 둥지를 튼 동부지역 본부에서 이미 결과를 내고 있다. 인생 2막을 시작하려는 분들에게는 더없이 좋은 기회가 아닐 수 없다.

건국대학교 부동산대학원 교수
이정우

## 머리말

　그동안 부동산 법원 경매 관련 책을 쓰면서 이 책처럼 걱정이 앞서는 책은 처음이다. 이 책을 기점으로 '지분경매-독점경매' 시장에 휘발유를 끼얹는 결과를 가져오는 것은 아닌지 해서다.
　경매 공부와 실전 투자를 별로 하지 않는 초보 투자자들에게는 '지분경매-독점경매'가 조금은 부담스럽게 느껴질 수도 있지만, 경매 투자 경험이 좀 있고, 돌아가는 판세를 대강 아는 분들 중에서 '독점의 성'을 높게 쌓아 남들과 경쟁하지 않고, 오로지 자신만의 수익을 경험해보고 싶은 분들에게는 이런 책도 필요할 것이라는 생각이 들어 집필 용기를 냈다.
　이 책은 지분물건 투자의 일반적인 오해 두 가지를 불식시키려고 했다. 첫째, 지분물건은 시간이 오래(?) 걸린다는 인식과 돈이 없으면 지분물건 투자가 어렵다는 것을 완전히 해소했다. 입찰보증금 5배를 받고 10일 만에 마무리한 사례도 있고, 입찰가격이 120만 원짜리인 지분물건 투자 사례도 볼 수 있다.
　이 책은 경매 관련 심오한 이론서가 절대 아니다. 오로지 실사구시(實事求是)만을 찾으려는 책이다. 그래서 이 책은 처음부터 끝까지 필자가 주관하는 경매 NPL 지분 교육 프로그램인 주말 집중반 수강생분들로 주축이 된 투자팀과 필자가 낙찰받은 생생한 지분 투자 사례들로만 채워져 있다.

**지분물건-독점경매 투자자에게 드리는 노하우**

1) 돈 되는 지분물건을 찾아내는 노하우
2) 그것을 해결하는 방법
3) 형식적 경매일 때 투자 노하우
4) 공유자우선매수청구권 제한을 피하는 노하우
5) 지분이 농지일 때 농지취득자격증명원 발급받는 노하우
6) 고가 응찰로 공유자우선매수청구권자 따돌리는 노하우
7) 기존 지분권자, 국가기관, 법원과 협상 또는 조정하는 노하우
8) 공유지분 분할협상하는 노하우
9) 임야를 낙찰받았을 때 산림조합 활용하는 노하우
10) 하자 치유해서 수익을 올리는 노하우
　　① 맹지일 때 하자 치유 여부
　　② 분묘기지권 성립 여지 하자 치유 여부
　　③ 법정지상권 하자 치유 여부
　　④ 유치권 하자 치유 여부
　　⑤ 농지취득자격증명원 하자 치유 여부
　　⑥ 공법상 하자 치유 여부
　　⑦ 불법, 위반, 무허가건축물 하자 치유 여부
　　⑧ 미등기 건물 하자 치유 여부
　　⑨ 지분물건 하자 치유 여부
　　⑩ 유해시설 인접지역 하자 치유 여부

### 지분물건-독점경매, 두 개 축을 보여드리겠다

지분물건 발견

지분물건 입찰

공유자 지위 획득

공유자우선매수권리 행사

지분물건 소유권 취득

협상, 분할소송

형식적 경매 신청

나머지 지분 취득 또는 매각

이 두 개의 축이 독자 여러분에게 보여주고 싶은 핵심 주제다.

### 구체적인 지분물건 처리과정도 보여드린다

즉 낙찰받은 지분물건 → 낙찰받은 영수증 → 분할협의를 요청하는 내용증명 우편 → 송달을 위한 주소 확보 방법 → 보유지분을 매각해달라는 내용증명 → 공유물분할소송 → 분할청구소송 취하 → 조정이 성립된 조정조서 → 조정조서에 따라 작성된 매매계약서의 실물을 보여드리겠다. 이 순서대로 따라가면 지분물건의 처리과정 전체 순서를 이해할 수 있을 것이다. 더 유익한 간접 경험은 없을 것으로 판단해서 수록했다.

### 경매 관련 책들 중에는 영양가 없는 책도 있다

주말 집중반 수업을 들으러 온 분들이나, 필자의 책을 사본 분들 중에서 "지분물건이 특수물건이라고 겁만 잔뜩 주고는 속으로 들어가 보면 내용은 없는 책들도 많다", "내용은 없고 관련 판례들로 도배해놓은 책들이 부지기수다", "이런 책들은 독자들에게 별 도움이 안 되는 것 같다"라는 하소연을 듣게 되는 경우가 있다.

### 왜 그런 일들이 발생할까?

이유는 의외로 간단하다. 이른바 경매 물건 중 특수물건이라는 지분물건이든, 법정지상권 물건이든, 토지 별도 등기 물건이든, 유치권 있는 물건이든, 맹지든, 농지취득자격증명원이 필요한 물건이든, 부동산 경매 관련 책을 쓴다는 저자들이 스스로 투자해보지 않고 책상에 앉아서 남의 이야기를 모아 페이지를 채우다 보니 그렇게 되고 만다.

인터넷 여기저기에 흘러 다니는 남의 글을 모아서 무책임하게 편집해놓은 책들이 독자들에게 어떤 도움도 되지 못하는 것은 두 번 말할 일이 아니다.

### 공유지분 독점경매로 후순위 채권 매입 사업도 시작한다

경매 시장에서 대표적인 쓰레기채권(?)으로 배당받지 못하는 후순위 채권(특히 후순위 가압류)과 경매 진행 중인 지분물건이 있는데, 속된 말로 개를 줘도 안 물어갈 채권들로 경매 투자자들 사이에 최악의 채권으로 인식돼 있다. 필자는 그런 물건 속에서 진주를 발견하고, 그것을 매입하는 조직과 사업체를 공저자인 최성남 교수와 손 잡고 전국에 확대해나가고 있다. 그중 일부를 이 책 속에 살짝 녹여 놓았다.

인연이 되는 분들과는 이미 시동에 걸린 '공유지분-독점경매' 전국화 사업에 동참도 가능하다. 서울동부지방법원 앞 문정동 팀과 서울 강변역에 있는 강변테크노마트에 둥지를 튼 동부지역본부의 결과가 그것을 입증하고 있다.

### 이런저런 이유로 경매 판을 떠났던 분들께 드리는 당부

이 책을 집어 들어 관심을 보이는 분들 중에는 경매를 몇 번 해보신 분들도 계실 것이다. 이런저런 이유로 경매 시장을 떠나셨던 분들이나, 현재 경매 시장의 과열에 혀를 내두르고 계시는 분들에게 유익한 길잡이가 될 것이다.

이런 분들에게 탈출구를 만들어보고자 집필을 결심한 책이 이 책이고, 분야는 지분이다. 말 그대로 제대로 공부하고 익혀서 병아리들과 경쟁하지 않아도 되는 나만의 철옹성을 구축해보고 싶은 분들을 위함이 이 책의 목표다.

이 책을 인연으로 희망을 발견하고 다시 경매 판으로 돌아와 주시기를 바란다. 경매 판의 지분 투자 노하우가 필요하다면 경매 투자 20년 경력의 필자와 대한민국 최고의 지분 고수인 공저자 최성남 교수가 합심해서 도와드리겠다.

### 정말 복이 참 많은 필자

이 책이 세상에 나오기까지 너무나 많은 분들의 관심과 사랑이 있었음을 여기에 또렷이 밝힌다. 이 공간을 빌어 존경과 감사의 말씀을 드리며, 사랑하는 아내와 건강하게 자라줘 이제는 아버지의 완전한 우군인 보물 휘(輝), 그리고 올해 고3인 귀염둥이 건(健)을 비롯해 나를 있게 해준 모든 분들에게 존경과 감사의 말씀을 드린다.

멀고 험한 여정을 시작하는 독자들의 용기에 박수를 보내며 '지분경매-공유지분-독점경매' 해부를 전면 시도한 이 책의 행간의 의미를 읽어내신다면 용기를 낸 필자도 충분히 행복하겠다. 미비한 설명이나 잘못 표현된 부분이 있다면 그 책임은 오로지 필자에게 있을 뿐이다.

한강 전망이 정말 아름다운
강변테크노마트 27층 사무실에서
우형달

# 차 례

**추천사** ... 5
**머리말** ... 8

## Part 01  제발 좀 살려만 달라는 이혼 전문 변호사의 절규

01 제발 좀 살려만 주세요! 이혼 전문 변호사의 절규 ... 19
02 매매든, 경매든, 공매든 투자자를 망하게 하는 곳 ... 30
03 지분 낙찰 후 분필 협의 안 돼 분할청구소송 제기했다 ... 36
04 아무짝에도 쓸모없을 것 같은 도로지분 단독 입찰 ... 46
05 멀쩡한 아파트 단지 앞 도로에 통행금지 플래카드 ... 54
06 특수물건의 치유 가능한 하자와 불가능한 하자 ... 63

## Part 02  문중 땅 넘어가면 조상도 노숙자 신세

01 시어머니 살고 있는 경매당한 시골집, 천사 도우미는 며느리 ... 73
02 상속으로 지분물건이고, 시세보다 저평가된 시골집 ... 83
03 문중 땅 넘어가면 조상도 노숙자 신세 못 면한다 ... 94
04 분할청구가 들어와도 건물 톱질은 잘 안 해준다 ... 107
05 1,275만 원 낙찰받은 종중 지분 8개월 만에 2배로 매각 ... 119
06 아프리카 세렝게티 국립공원 사자들의 물소 사냥법 ... 130

## Part 03  지분물건, 분할협의, 분할소송, 마무리

01 지분물건, 분할협의, 분할소송 그리고 개구리 양식 ... 145
02 낙찰 후 8일 만에 입찰보증금 5배 받았다 ... 156
03 지분 낙찰 후 공유자우선매수로 지분 2/3 확보 ... 167
04 지분물건 자금조달에 관한 몇 가지 어드바이스 ... 176
05 충북대 후문 인근 원룸을 깔고 있는 도로지분물건 ... 186
06 분할소송을 해야 하는데 지분권자가 해외교포란다 ... 195

## Part 04 저수지 배수로에 물려 있는 지분 낙찰받았다고요

01 저수지 기반시설에 물려 있는 지분을 낙찰받았다고요 ··· 205
02 뒤집어 해석하자고? 양날의 칼, 시청이 이사 간단다 ··· 215
03 매입해드리고 싶지만 예산이 없는데 어떻게 하냐고요 ··· 224
04 지분 일부는 도시계획도로, 일부는 전통시장 통행로 ··· 235
05 깔끔하기만 한 '공유물분할청구의소' 실물 ··· 244
06 지분 부동산도 선수끼리 만나면 훨씬 쉽다 ··· 251

## Part 05 아프리카 대머리 독수리와 지분경매 투자자는 형제

01 아프리카 대머리 독수리와 지분경매 투자자의 공통점 ··· 261
02 사고는 산 자가 치고, 수습은 귀신이 했다 ··· 271
03 나도 우리 가족묘지 하나 장만하고 싶었다 ··· 279
04 나도 처음으로 지분물건에 머리 올렸다 ··· 287
05 경매 물건에 묘지가 많아서 오히려 좋다 ··· 295
06 고수는 분묘기지권이 성립되는 것을 전제로 입찰한다 ··· 300

## Part 06 남들과 경쟁하기 귀찮은 분들에게 전하는 특급 팁

01 지분물건의 슈퍼맨은 누가 뭐래도 공유자 ··· 307
02 공유자우선매수권자를 물 먹이는 신의 한 수 ··· 317
03 맛보기로 보여드리는 법정지상권 요리방법 ··· 330
04 허위로 신고했다가 형사처벌 받을 수 있는 유치권 ··· 336
05 공유지분 낙찰부터 마무리까지 ··· 342
06 전국 석권을 목표로 한 쓰레기채권 치우기 사업 ··· 354

Part
01

# 제발 좀 살려만 달라는
# 이혼 전문 변호사의 절규

# 01
## 제발 좀 살려만 주세요!
## 이혼 전문 변호사의 절규

**지분물건인데 공유자우선매수권을 행사할 수 없단다**

"집행관님 무슨 말씀이세요? 경매 입찰 진행을 공정하게 하셔야 하는 것 아닙니까!"

"누구신가요?"

"공유지분권자들을 대리하러 나온 변호사입니다."

"변호사님이시라고요?"

에드바르트 뭉크, 〈절규〉, 1893년

이 경매 물건이 지분물건이어서 지분권자를 대신해서 공유자우선매수권 행사를 하러 나온 변호사님이란다.

"그러시면 이 물건은 지분물건이라고 해도 공유자들이 공유자우선매수권을 행사할 수 없다는 사실을 잘 아시겠네요?"

"그러니까 제 이야기는 집행관님이 경매 입찰 절차를 공정하게 진행하셔야 한다는 점을 강조하는 겁니다."

"그러시면 변호사님은 저희가 법대로 규정에 맞게 경매 입찰 절차를 진행하고 있지 않다는 말씀이세요?"

"네, 집행관님도 잘 아시는 것처럼 이 물건은 '2/11'만의 권리자가 경매 신청한 사건이어서, 나머지 공유지분권자에게 우선매수청구권이 있다는 것을 집행관님이 더 잘 아시잖아요?"

"변호사님 정말 그렇게 알고 계세요!"

"그러면 어떻게 알고 있어야 정확하다는 말씀이세요?"

"이 사건은 가액분할을 위한 '형식적 경매' 사건이라는 것은 알고 계시죠?"

"알고 있습니다."

"가액분할을 위한 형식적 경매 사건에서는 공유자우선매수청구권을 행사할 수 없다는 것도 잘 아시지 않습니까?"

"그게 무슨 말씀이세요!"


### 잘못되도 뭔가 한참 잘못 돌아가고 있는 경매 법정 [1]

"변호사님 정말 모르고 지금 이러시는 건가요?"

"집행관님은 자꾸 뭘 모른다고 하시는데 제가 뭘 모르나요?

제 말이 맞죠!"

"좀 잘못 알고 계시는 것 같습니다. 현물분할이나 가액분할을 위한 형식적 경매에서는 공유자라도 공유자우선매수청구권은 인정되지 않습니다."

"뭐라고요?"

"저희가 그런 것까지 여기서 말씀드리면서 경매 진행을 해야 할 의무는 없다고 생각합니다."

냉정하게 잘라내는 집행관의 단호함에 휘청거리며 이혼 전문 변호사는 한마디 묻는다.

"그러시면 이 사건처럼 형식적 경매 사건에서는 공유자가 공유자우선매수청구권을 행사할 수 없다는 말씀이세요?"

"이제야 제 말을 좀 알아들으시네."

"아이고 나는 죽었다!"

"누가 왜 죽는지는 저는 잘 모르겠습니다만, 다음 사건 진행을 위해서 이 사건은 당초 최고가입찰자로 주소가 서울시 광진구에 있는 가온**투자를 최고가매수인으로 선정하고 경매절차를 종료합니다."

---

1) 동부산법원 2016-101**번으로 진행된 경매 사건으로 지목은 임야였다. 공유지분권자들 사이에 분할협의가 안 된 채 진행되는 공유물의 현금분할을 위한 형식적 경매에서 지분권자에게는 공유자우선매수청구권이 인정되지 않는다.

경매 목적이 지분권자들의 지분을 경매를 통해 발생한 현금으로 각자 지분만큼 배당하는 방식의 형식적 경매에서는 지분권자라고 하더라도 공유자우선매수청구권이 인정되지 않는다. 이러한 규정을 변호사가 사전에 알지 못하고 사건을 수임했다가 의뢰인과 자신에게 상당한 손해를 입힌 경우였다.

### 변호사가 이 사건을 수임하던 당시로 돌아가보자

"저번에도 낙찰받더니 이놈들이 우리 물건에 아주 맛을 들인 모양입니다."
"서울 사람들이라고 하셨죠?"
"낙찰받은 사람들과 이번에 분할 경매 신청한 사람들이 다릅니다."
"정말인가요?"
"당초 낙찰받은 그놈들이 지분 8.7평을 무슨 투자 법인에 매각한 것으로 나옵니다."
"그러고 보니 저번에 그 땅을 분할하거나 아니면 매입해달라고 연락 온 회사를 보니까 처음에 낙찰받았던 사람들이 아니더라고요."
"하는 짓들을 보니 이놈들은 전국을 돌아다니며 비슷한 물건만 전문적으로 낙찰받는 경매 브로커들인 것 같습니다."
"그걸 나쁘다고 말할 일은 아닌 것 같은데요."

"정 안 되면 낙찰가격에 몇 푼 더 쥐여주면 '아이고, 감사합니다' 하고 먹고 떨어질 놈들이 분명합니다."

"그럴까요?"

"자기들은 전국을 상대로 난다 긴다 하는 경매쟁이라고 해도 제 눈에는 조무래기 브로커로 보입니다. 이 사건을 맡겨만 주시면 브로커 같은 낙찰자 이놈들에게 본때를 제대로 보여 드리겠습니다."

"변호사님은 이혼 전문가라면서요?"

"이혼이 전문인 것은 맞지만 법률 전문가로서 기본은 확실히 갖추고 있습니다. 맡겨만 주시면 기존 구분 소유자분들에게 큰 기쁨을 드리겠습니다!"

"그러니까 의뢰만 하면, 낙찰받아 나머지를 분할해달라는 낙찰자들을 확실히 골병들게 해주겠다는 말씀이시죠?"

"그렇다니까요. 지들이 아무리 지분권자라고 해도, 우리에게는 공유자우선매수청구권이라는 권리가 있습니다."

"저는 그런 건 잘 모르겠고 이번 공유물분할 경매에서 우리가 저 사람들의 지분을 낙찰받을 수 있는 거죠?"

"아무 염려 마시라니까요?"

"그러면 변호사님 말씀만 믿고 맡기네요. 잘 부탁합니다."

### 브로커 선생님, 제발 좀 살려만 주세요

"변호사님 이런 경우에는 지분권자에게 우선매수청구권이 인정되지 않는다는 거 모르셨어요?"

"…."

"눈만 껌벅거리지 마시고, 기본 공부부터 하시는 것이 순서상 맞는 것 같습니다."

"…."

"이러시면 저도 더 할 말이 별로 없네요!"

"선생님 제가 이 사건 수임하고 300만 원 받았습니다."

"그런 이야기하시면 우리도 곤란해지고 서로 협상하는 데 아무런 도움이 되지 않습니다."

"살려만 주신다면 무슨 요구든 다 들어드리겠습니다."

"그러시면 우리가 낙찰받은 가격의 10배만 주세요!"

"뭐라고요? 15,789,000원의 10배를 달라는 말씀이세요?"

"네, 저희는 처음부터 그 정도는 쉽게 받을 수 있다는 것을 확인하고 입찰했거든요. 보시면 아시잖아요? 1억 5,000만 원 주시면 가액분할을 위한 경매를 취하하고 소유권을 넘겨드리겠습니다."

"그 가격은 제가 결정할 수 있는 범위를 넘어서기 때문에 지분권자들과 상의를 해보겠습니다."

"네, 그럼 의뢰인인 지분권자들과 상의해보시고 다시 연락 주세요."

"그러지 마시고 제발 저 좀 살려주세요!"

형식적인 악수를 하고 돌아서는데, 뒤통수로 이혼 전문 변호사의 외마디 곡소리가 비수처럼 날아들었다. 이런 정도도 준비가 안 된 사람이 변호사란다. 그리고 며칠 뒤 변호사에게서 연락이 왔다.

### 낙찰가격 3배인 4,500만 원으로 매각하다

"선생님, 4,500만 원으로 합의해서 제발 저 좀 살려주세요!"
"변호사님, 4,500만 원은 저희가 당초 제시한 가격의 1/3도 되지 않습니다. 그럴 수는 없습니다."
"4,500만 원에는 제가 받은 수임료의 10배인 3,000만 원이 포함돼 있습니다."
"그게 무슨 말씀이세요?"
"지분권자들은 낙찰가격 이상은 절대 줄 수 없다고 단호합니다."
"그거야 저희가 상관할 일이 아니죠."
"그러지 말고 사람 하나 살려준다고 생각하시고 제발 부탁합니다."

법률 전문가로서의 최소한의 자존심은 간 곳이 없다.

"변호사님 입장 곤란하고 딱한 것은 이해하지만, 우리 입장도 있으니 그렇게는 어렵습니다."

"선생님은 서울 사람이고, 여기는 부산입니다."

"갑자기 무슨 말씀이세요?"

"저 같은 신출 변호사 1년 연봉이 3,000만 원이 안 되는 사람도 많습니다."

"그러니까 3,000만 원이면 변호사님 1년 연봉과 맞먹는다는 말씀이세요?"

"그리고 선생님은 또 다른 지분물건에 투자해서 얼마든지 수익을 올릴 수 있는 실력들이 있으시잖아요."

"변호사님 딱한 사정은 이해하지만 그렇게 말씀하시면 문제해결이 안 된다니까요?"

"정말 너무하시네요. 서울 사람들은 다 그렇게 사나요? 8.7평짜리 지분을 15,789,000원에 받아서 1년여 만에 4,500만 원으로 매각한다면 대박 난 투자 아닌가요?"[2]

애원하던 변호사가 갑자기 항의조로 나왔다. 사정하다 말이 안 통하자 이번에는 반협박이다. 젊은 변호사의 감정이 종잡을 수 없는 멘붕 상태에 빠져들기 시작했다.

---

[2] 우리나라 경매 책 사상 처음으로 '지분경매, 공유지분, 독점경매'에 관해 다루려고 한다. 따라서 이 부분은 이 책 전체를 관통하는 핵심내용이라는 점을 독자 여러분들에게 미리 알려드린다. 이 점을 기억하면 이 책을 읽기가 훨씬 쉬워질 것이다.

### 아파트 단지 입구 진입도로로 사용되는 지분임야

낙찰받은 물건으로 돌아가보자.

"전체 231$m^2$ 중에서 경매 목적이 된 지분은 28.9$m^2$(약 8.7평)이고, 감정가격은 15,130,500원이네요?"

"맞습니다. 한 번 유찰돼 12,104,000원일 때 15,789,000원에 단독 응찰해서 낙찰받았습니다."

"감정가격보다 높게 입찰했고, 그것도 단독으로 받으셨는데 속 쓰리지 않으셨나요?"

"경매는 잡자고 결심하면 잡는 것이 답입니다. 2~300만 원 아끼려다가 패찰당하면 죽도 밥도 안 됩니다."

"1,500여만 원에 낙찰받아 4,500만 원에 매각한 것을 생각하면 틀린 말도 아니네요?"

"맞습니다."

"저는 아무리 봐도 출구가 안 보이는 물건인데, 이렇게 가치 있는 물건을 찾아내는 비결이라도 있나요?"

"한 수 알려달라는 부탁처럼 들리네요!"

"핵심 포인트가 어디였나요?"

"비싸서 맨입으로는 안 되는데…."

"그러지 마시고 원 포인트 레슨 부탁합니다!"

"기본은 임장이고, 동네 수준이 어떤지도 체크 포인트입니다."

"동네 수준을 어떻게 아나요?"

"서울이면 서울, 부산이면 부산에서도 나름대로 지역적 특색들이 있잖아요?"
"그것은 전체를 말할 때 통하는 이야기 같습니다."
"해당 경매 물건을 임장할 때, 아파트 가격이라든지, 주차장에 서 있는 자동차 등을 보면 대강 동네 수준이 보입니다."

### 1차로 지분물건을 낙찰받고 난 후 분할을 위한 2차 경매

공유지분을 낙찰받아 소유권을 취득하고 나면 낙찰자는 다른 지분권자와 함께 동등한 지분권자의 지위를 갖게 된다.

"선생님 그 정도야 저도 다 압니다."
"물론 그러실 겁니다."
"그런데 이 물건은 형식적 경매 물건이잖아요?"
"맞습니다!"
"앞에서 들려주신 엉터리 변호사 이야기는 이 사건에서는 끼어들 여지가 없는 다른 사건이라는 말씀이시죠?"
"그렇습니다. 경매가 두 번 진행되고 있는 것은 이해되시죠!"
"처음에는 선생님이 지분경매 받았고, 그것을 바탕으로 이번에는 분할을 위한 경매 신청을 했다는 거잖아요?"
"이 경매 사건은 이전 사건에서 우리가 낙찰받아 기존의 지분권자들과 협의분할이 안 돼 가액(현금)분할을 위해 경매 신청한 사건을 우리가 낙찰받으면서 발생한 사건입니다."

"그러니까 지금 변호사가 엉터리 코치를 한 경매 사건은 두 번째로 진행된 공유물분할을 위한 형식적 경매에서 발생한 내용이라는 말씀이신가요?"

"이제야 제대로 이해하셨네요."

"이런 경우 두 번째 경매 사건에서는 기존의 지분권자라 하더라도 공유자우선매수청구권을 행사할 수 없는데도 불구하고, 신참 변호사는 형식적 경매에서도 공유자우선매수청구권 행사가 가능하다고 공유지분권자들에게 설명하고 수임했다가 큰 코 다쳤다는 것으로 이해하면 된다는 말씀이시죠?"

"그렇죠. 만약에 공유자우선매수청구권을 행사하려고 했다면 1차 지분경매 입찰에 참가해야 했습니다!"

### 어떤 사소한 분야든 전문가는 따로 있다

"그 변호사 양반, 나중에 의뢰인들한테 어떤 대접을 받았을지를 생각하면 많이 안타까울 뿐입니다."

이혼 전문 변호사면 이혼 사건에, 경매 전문 변호사는 경매 사건에 집중해도 충분하다. 자기 주 전공에 집중해야지, 좀 어렵다고 이곳저곳 기웃거리다가는 이무기 신세를 벗어나지 못한다.

## 매매든, 경매든, 공매든 투자자를 망하게 하는 곳

### 누구나 투자의 원칙은 있을 것이다 [3]

| 소재지 | 세종특별자치시 소정면 ○○곡리 2**2-1 | | | | |
|---|---|---|---|---|---|
| 경매구분 | 강제경매 | 채권자 | 이** | | |
| 용도 | 임야 | 채무/소유자 | 지**/지**15 | 매각기일 | 2018.07.10 (12,880,000원) |
| 감정가 | 12,775,000원 (2017.11.08) | 청구액 | 30,000,000 | 다음예정 | |
| 최저가 | 8,943,000원 (70%) | 토지면적 | 전체 6,102㎡ 중 지분 365.0㎡ (110.4평) | 경매개시일 | 2017.10.24 |
| 입찰보증금 | 10%(894,300원) | 건물면적 | 0.0㎡(0.0평) | 배당종기일 | 2018.03.30 |
| 주의사항 | · 지분매각 · 입찰 외 | | | | |

---

[3] 대전지방법원 4계 2017-149** 사건이다. 지분권자가 총 16명이고, 전체 면적은 6,102㎡(1,845평)으로 세종정부청사에서 차로 약 20분 거리에 있고, 세종시를 기준으로 북쪽에 있다. 실제 사건을 꼭 확인하고 싶은 분들은 매각기일로 검색하시면 된다.

경매 물건을 선정하는 간단한 방법이 있다. 인구가 줄어드는 지역(지방)의 경매 물건에는 눈길도 주지 않는다.

"2등하고 입찰가격 차이가 8만 원이네요?"
"그러게요. 자칫 떨어질 뻔했습니다."
"제가 보기에는 별것 없어 보이는 물건이고, 오히려 하자가 많아서 감정가격보다 더 쓸 것까지 없어 보이는 물건입니다."
"이 물건이 위치하고 있는 곳을 살펴보면 답이 나옵니다."
"무슨 말씀이세요?"
"현재 세종시는 이미 포화상태여서 정부는 인근지역을 개발할 계획으로 후보지를 물색하고 있는 중이거든요."
"이 물건이 거기에 포함된다는 말씀이세요?"
"정확한 대상지가 발표되지 않아서 더 말씀드릴 수는 없습니다."
"세종시 인근지역의 이런 종류의 물건에 대한 가능성을 높게 보고 있다고 생각하면 되겠네요?"
"세종시를 기준으로 북부지역을 추가 개발할 가능성이 높게 점쳐지고 있는데, 이 물건은 여기에 해당돼 가지고 버티기만 해도 본전은 충분히 뽑을 수 있다고 판단해서 도전한 물건입니다."

### 세종시의 현재와 이후 상황

국가균형발전과 세계적 모범도시를 꿈꾸는 세종시가 2018년 5월 8일자로 인구 30만 명을 돌파했다. 2012년 7월 1일 세종시 출범 이후 정확히 5년 10개월 만이다. 세종시는 신도심 행정중심복합도시로 총 3단계 도시성장단계계획을 세웠다.

**1) 초기 활력단계(2007~2015년)**

최초 이주민과 중앙행정기관 및 공공기관 이전으로 15만 명을 달성한다.

**2) 자족적인 성숙단계(2016~2020년)**

문화, 국제교류 기능, 대학, 도시행정 기능 등 유입효과로 30만 명을 달성한다.

**3) 완성단계(2016~2030년)**

지식기반 기능, 노인의료휴양 기능 등의 도입이 완성되는 시기로, 목표 유입 인구 50만 명을 달성하고, 여기에 인근 읍·면지역의 인구를 더해 2030년까지 80만 명의 인구를 유입하는 것이 세종시의 목표다.

### 매년 3만 명 이상씩 인구가 증가하는 세종시

"우리가 잘 모르는 사이에 엄청난 변화가 있었네요?"
"그러게 말입니다."
"인구가 지속적으로 증가하는 곳은 투자 실패 가능성이 낮다는 말씀이시죠?"
"이쪽 부동산 중개업자들 말로는 기존 세종시는 이미 포화상태여서 인근지역의 개발 수용 가능성이 상당히 크다고 합니다."

이번 지분물건은 세종정부청사에서 자동차로 20분 거리에 있다. 부동산 투자의 원칙 중 하나가 '인구가 증가하는 곳'에 투자하는 것이다. 인구가 감소하는 곳은 경매 고수 아니라 천하장사가 들어가도 망할 수밖에 없다. 반대로 인구가 증가하는 지역이라면 기본은 먹고 들어간다.

"인구가 줄어드는 곳은 천하장사가 들어가도 견디기 어렵습니다."
"세종시는 더 말할 필요가 없다는 말씀이시네요?"
"그리고 이 물건 뒤로는 다른 개발회사들이 전원주택단지 등으로 개발하려고 인허가를 잔뜩 신청한 곳입니다."
"낙찰받은 사람이 이 지역을 잘 아는 사람인 것 같네요?"
"고향이 청주랍니다."
"낙찰자를 박사님도 잘 아는 사람이라고 하셨죠?"

낙찰자인 백재* 씨는 우리 동호회에 있는 등산모임인 '우등회' 총무 역할을 야무지게 잘해주고 있다.

"박사님이 운영하시는 경매, 지분 특수물건 주말 집중반 수강생이라고 하셨던 것 같은데요?"
"경매 NPL 주말 집중반 수강을 한 것이 2013년의 일입니다."

### 경매 가격 평당 10만 원, 일반 매매로는 20만 원

"그런데 잔금 납부 후 분할해서 묘지용으로 매각하면 평당 30~50만 원은 편하게 받을 수 있는 상황입니다."
"가족묘지 용지 찾는 사람들이 의외로 많더라고요?"
"간단한 이야기입니다."
"무슨 말씀이세요?"
"상황이 안 되니 화장을 선택하지, 상황만 된다면 저부터라도 묘지에 안장되고 싶죠."
"그러게요. 지분물건을 낙찰받아서 분할해 묘지로 매각하면 잘 팔린다고 하더라고요."
"서울이나 수도권에서 한 시간 내외 거리가 인기가 높습니다."
"크기는 어느 정도가 적당한가요?"
"묘지만 전문으로 매각하는 사람들의 이야기를 들어보면

150평 내외가 가장 인기가 있다고 하더라고요."

"매매가격은 3,000~5,000만 원 정도 내외겠네요."

"묘지 150평이면 결코 좁지 않습니다."

### 이 물건의 투자 전략

"계속 보유할 계획이세요?"

"일단 추가 매입 등으로 확장을 좀 한 다음 매각할 예정입니다."

"지분물건을 낙찰받으면 분할해서 매각하는 것이 보통이라고 들었는데, 오히려 매입을 한다는 말씀이세요?"

"물건에 따라 처리 방법을 달리합니다."

맞는 말이다.

"그리고 물건은 지분이고 지목이 임야지만, 양쪽으로 도로에 접해 있어 어느 쪽으로 분할을 해도 맹지가 아닙니다. 경사도 역시 거의 평지에 가까운 상태여서 우수한 물건입니다."

# 03 지분 낙찰 후 분필 협의 안 돼 분할청구소송 제기했다

### 지분 55/100인 파주 도로지분물건의 대강 개요 [4]

| 소재지 | 경기도 파주시 광탄면 신산리 357-** [일괄]3**-34, 3**-37, | | | | |
|---|---|---|---|---|---|
| 구분 | 임의경매 | 채권자 | 수협중앙회양수인화인유동화전문유한회사 | | |
| 용도 | 도로 | 채무/소유자 | 조해*/조해* 외 2 | 매각기일 | 2017.02.01 (6,610,000원) |
| 감정가 | 25,553,000원 | 청구액 | 337,311,881원 | 종국결과 | 2017.03.28 배당종결 |
| 최저가 | 3,007,000원 (12%) | 토지 | 전체 202㎡ 중 지분 111.1㎡ (33.6평) | 경매개시일 | 2015.11.04 |
| 입찰보증금 | 20% (601,400원) | 건물 | 0.0㎡(0.0평) | 배당종기 | 2016.01.28 |
| 주의사항 | * 재매각물건, 지분매각, 입찰 외 | | | | |

---

4) 고양지원 2015-259**, 총 세 필지가 지분으로 경매 진행된 사건으로, 이 물건의 낙찰자는 '공유지분 공유펀드 독점경매' 서울 북부지역 지사장을 담당하고 있는 P대표다.

* 당초 감정가격 : 25,553,000원
* 당일 최저가격 : 3,007,000원(감정가격 대비 12%)
* 경매 목적면적 : 111.1$m^2$(33.6평)
* 당일 입찰가격 : 6,610,000원
* 당일 입찰자 수 : 3명
* 특별 매각조건 : 재매각물건, 지분매각, 입찰 외

하수들 눈에는 감정가격 25,553,000원짜리를 6,610,000원에 낙찰받았다는 점은 잘 안 보이고, 당일 최저가격 3,007,000원짜리를 2배 이상 가격인 6,610,000원에 응찰했다는 점만 크게 보인다. 인간이란 군상은 자기가 보고 싶은 것만 보이고, 듣고 싶은 것만 들리도록 구조돼 있는 특성이 있단다.

**당일 최저입찰가격보다 2배 더 쓰고 잡은 지분물건**

| ⑦ 30% ↓ | 당일 최저 매각가격 | 3,007,000원 |
|---|---|---|
|  |  | 2017-02-01 매각 |
| 매수인 |  | 박상* 외 1 |
| 응찰자 수 |  | 3명 |
| 매각가격 |  | 6,610,000원 (25.87%) |
| 2위 |  | 3,300,000원 |
| 3위 |  | 3,210,000원 |

"당일 최저입찰가격이 300여만 원 인데 2배가 넘는 660만 원씩이나 쓴 이유가 있나요?"

"그게 바로 초보와 고수의 차이점입니다."

"더 써서 잡는 것은 경매의 기본 정신을 훼손하는 것 아닌가 해서요."

"아무 물건이나 더 써서 잡지는 않습니다."

"그래도 이 물건은 2, 3등이 고수가 아닌가 합니다."

"그렇게 보셨다면 할 말은 별로 없고, 저희는 잡으려고 들어간 물건은 잡는 것이 상책입니다. 그리고 이 판단은 변하지 않습니다."

"그렇게 말씀하셔도 이 물건은 재경매 물건으로 많이 안 써도 충분히 잡을 수 있지 않았을까 하는데, 제가 보기에는 당일 최저가격의 2배를 쓴 것은 그리 좋아 보이지 않는데요."

이쯤 되면 대화를 빨리 접어야 한다. 더 이상의 시간 소비는 상대에게 불신만 높일 뿐이다.

### 하수에게는 눈에 보이는 것이 전부인 것이 세상 이치

"저는 그렇게 생각하지 않습니다. 오히려 2배 이상 응찰한 낙찰자가 잘했다고 생각합니다. 가치가 있다고 판단되면 잡는 게 문제지, 입찰가격은 큰 문제가 되지 않습니다."

"저는 이해가 잘 되지 않습니다."
"매각조건을 보면 재매각물건, 지분매각, 입찰 외 물건으로 표시돼 있지만 따로 설명 안 드려도 되겠죠?"
"조그만 녀석인데 골치 아픈 매각조건들이 세 개나 달려 있네요?"
"대박이 나거나 쪽박을 깨거나 둘 중 하나겠죠!"
"이 물건을 낙찰받은 박상* 씨는 박사님과 어떻게 아는 분이세요?"
"제가 경매 NPL 주말 집중반 강좌 진행할 때 수강생이었습니다."
"박사님 수강생이라고요?"
"네, 뭐가 이상한가요?"
"그러면 그렇지. 최저가격보다 2배 이상으로 응찰한 입찰을 적극적으로 두둔하는 것 보고서 좀 이상하다고 생각했는데 이제야 이해가 됩니다."

더 설명해 뭐할 것인가. 하수 눈에는 딱 거기까지만 보이는 것이 세상 이치다.

### 661만 원에 받은 물건을 1,250만 원 주겠단다

"그건 그렇고 이 물건은 지금 어떤 상태인가요?"

"얼마 전에 낙찰자를 만나서 물어봤더니 서로 가격이 맞지 않아서 현재는 낙찰자가 법원에 분할청구소송을 제기했다고 하더라고요."

"저쪽에서는 얼마를 주겠다고 했나요?"

"낙찰가격의 2배인 1,250만 원까지는 주겠다고 했다네요."

"우와, 최저입찰가격의 4배네?"

"그게 아닙니다."

"뭐가 그게 아니라는 말씀이세요?"

"낙찰자는 감정가격대로 값을 주면 매각하겠다고 합니다."

"661만 원에 받은 도로지분물건을 2,500여만 원에 달라고 했다는 말씀이세요?"

"그러면 안 되나요?"

"이야, 누군지는 몰라도 칼만 안 들었지 완전히 강도네!"

"나는 전혀 그렇게 생각하지 않는데요."

"박사님이야 자기 수강생이니까 감싸고 도느라고 정신이 없으니 그렇게 생각하겠지만, 객관적으로 보면 욕먹을 욕심 아닌가요?"

"어차피 투자 판에 객관적인 것이 뭐가 있나요?"

"어느 정도 기준은 있어야 하지 않나요?"

"가격이야 어차피 서로가 만들어가는 것입니다."

지분 토지를 분할하는 원칙은 현물분할이지만, 대다수는 현금(가액)분할이 일반적이다. 그러나 대(토)지라도 최소 분할면

적 이하로는 분할하지 않는다. [5)]


**현금분할하지 않으려고 신청한 분할청구소송**

 이 경매 사건의 실제 지적도면이다. 경매 목적물은 표시된 것처럼 총 네 필지다.

 "이건 또 무슨 말씀이세요?"
 "서로 가격이 맞지 않아서 법원에 분할청구소송을 제기했답니다."

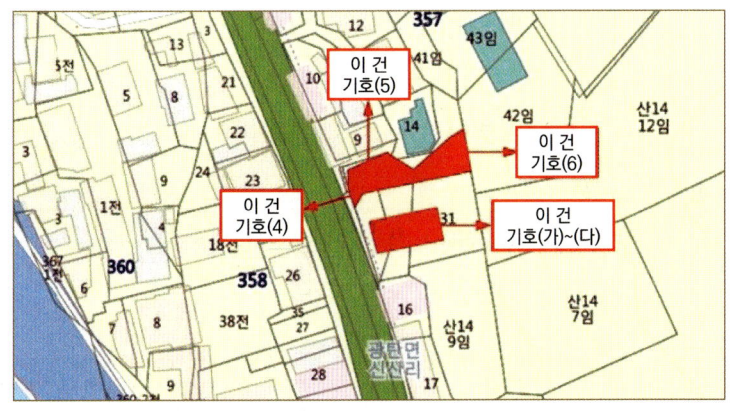

---

5) 대지분할의 제한 : 건축물이 있는 대지분할의 제한은 주거지역 $60m^2$, 상업지역 $150m^2$, 공업지역 $150m^2$, 녹지지역 $200m^2$, 기타지역 $60m^2$ 범위 안에서 해당 지자체단체의 건축조례로 정하고 있다. 이 면적 이하로의 분할은 원칙적으로는 허용되지 않는다.

"제 말은 분할청구소송을 제기했으면 분할되는 대로 금을 그어서 나눠 가지면 되는 것 아닌가요? 분할청구소송은 했지만 분할은 안 하려고 분할소송을 제기했다는 말이 이해가 안 됩니다."
"고수가 장난하는 것 같기도 하시죠?"

그렇게 생각해도 아주 틀린 말은 아닐 수 있다. 이쪽은 드론 촬영으로 전체 판을 내려다보고 있는데, 상대는 수풀이 우거져 한 발도 제대로 옮기기 어려운 여름 산속 정글을 가시에 찔려가며 헤매고 있는 중이다. 설상가상 비가 오고 날씨까지 어두워지고 있다.

"'대지 최소 분할면적 이하로는 분할하지 않는다'라는 기준에 걸려 현물분할은 되지 않습니다."
"대지 최소 분할면적이 $60m^2$(약 18평) 이하라면서요?"
"네."
"이 물건은 $111.1m^2$여서 최소 분할면적을 넘어서니 분할이 가능할 것 같은데요?"
"필지당 $60m^2$이고 이 물건은 네 필지여서 분할이 불가능합니다."
"결과적으로 어떻게 되나요?"
"바라던 것처럼 현금분할로 마무리되는 거죠."

기존의 지분권자들과 합의가 되지 않으면 전체 202㎡를 경매에 부쳐서 낙찰대금을 각자 지분 비율대로 나눠 갖게 된다.

### 마지막 변론 기일에는 일부러 안 나갔다

"분할소송법정에 일부러 안 나갔다는 말씀이세요?"
"법원에서 '현금분할을 하라'는 쪽으로 강제조정하겠다는 말을 듣고는 조정일에 가지 않았답니다."
"재판에 참석하지 않으면 불리하지 않나요?"
"조정기일에는 참석하나, 안 하나 이 건은 답이 뻔합니다. 오히려 출석하지 않는 것이 2심으로 가게 된다면 할 말이 더 있게 되는 거죠."
"그다음은 어떻게 되나요?"
"'형식적 경매로 매각해서 각자 지분만큼 배당받아가라'는 판결이 나올 겁니다."
"그다음은 어떻게 되나요?"

판결대로 판결문을 첨부해서 형식적 강제경매를 신청하고, 낙찰대금이 확정되면 지분만큼의 비율대로 배당받아 가는 것으로 마무리된다.

### 현금분할 싫다, 현물분할 해달라

"낙찰자가 법원의 현금분할 결정에 불복해서 항고했다면서요?"

"의정부지방법원에 변호사를 선임해서 항고했다고 했습니다."

"661만 원에 낙찰받은 물건을 법원은 경매 부쳐서 현금으로 나눠 가지라는 판결까지 해줬는데, 낙찰자 쪽에서는 변호사를 동원해서 현물분할을 주장한다고 하니 점점 재미있어지네요!"

욕심쟁이 낙찰자는 성능이 좋아 가격이 더 비싼 드론을 더욱 높이 띄워 고공촬영을 하고 있는 중이다.

"분할의 원칙은 협의분할이거든요."

현물분할이든, 현금분할이든, 분할소송보다는 각 당사자들 사이에 협의가 먼저다.

"현물분할 최소 면적에 걸려 현물분할은 안 되는 경우라면서요?"

"네, 필지를 전체 한 필지로 보고 분할해달라고 변호사를 선임했다고 하네요."

"아직 마무리는 안 됐겠네요?"

이 책에 투자 사례로 소개되는 대부분의 지분물건들은 최근에 마무리됐거나, 현재 진행 중인 따끈따끈한 최신 투자 사례들이다. 또한 각주 형식으로 알려드리는 경매 사건번호 역시 마지막 두 자리만 가렸을 뿐 실제 사건번호다. 따라서 독자 여러분들은 경매정보제공업체 사이트에 접속해서 검색해보면 더 다양한 정보를 접하게 될 것이다.

### 경매정보제공업체가 알려주는 지분매각 원 포인트 레슨 [6]

**지분매각**

전체 토지 중 그 일부인 최** 지분(7분의 1)에 대한 매각사건인데, 공유지분은 공유자 간의 협의에 의해 분할하는 것이 원칙이다. 협의분할이 어려울 경우에는 공유물분할청구소송을 제기할 수 있는데, 서로 이해가 상충되기 때문에 현물분할보다는 대부분 대금분할 판결을 받는다(민법 제269조).

이 경우에 공유물분할을 위한 형식적 경매를 통해 매각대금을 분할하는데, 이 모든 절차에 소요되는 기간이 최소한 1년 이상이고 그 비용도 감안해야 한다. 현 공유자가 우선매수신청권을 행사할 가능성도 상존(常存)하므로 그 행사 여부도 확인하고 입찰하길 바란다.

---

[6] 이 책의 사용된 사진 등은 경매 법원이 작성한 감정평가서 자료를 기본적으로 사용했고, 편의상 지지옥션 사이트(http://www.ggi.co.kr)의 자료를 이용했다.

## 04
## 아무짝에도 쓸모없을 것 같은 도로지분 단독 입찰

**낙찰받자마자 입찰보증금을 3배로 준단다** [7]

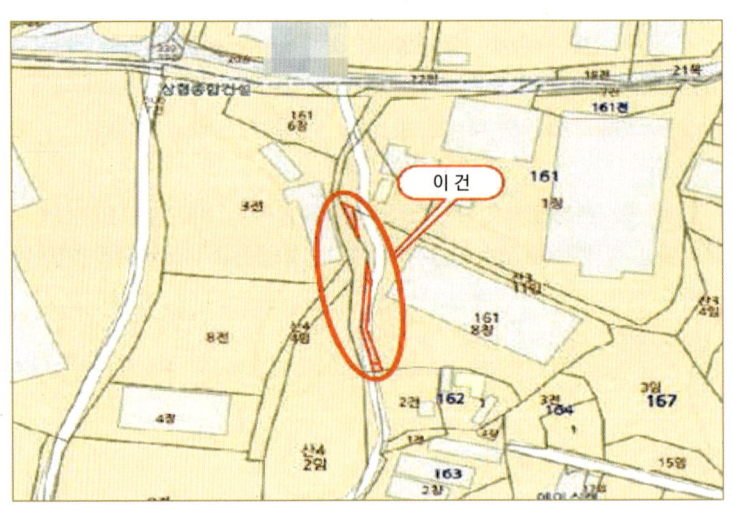

---

7) 수원지방법원 2017-5073**으로, 이 일대는 공장, 물류 창고 등이 밀집돼 있는 지역이다.

"공장 진입도로를 1차에 낙찰받으셨네요?"
"맞습니다."
"이 물건은 지분물건이 아닌 일반물건처럼 보이는데요?"
"그것도 맞습니다!"
"제 눈에는 아무짝에도 쓸모없어 돈만 날리는 투자 건처럼 보이는데요?"
"그렇게 보이시나요? 그건 아닌데…."

독자 여러분도 전체 크기가 40여 평밖에 안 되는 공장 진입도로를 감정가격 105%에 낙찰받은 것을 이해하기 어렵다고 하셔도 필자는 이해할 수 있다.

### 입찰 당일 경매 법정 풍경

"2017-5073** 미평리 도로 낙찰받으신 ㈜다**투자 대표님이시죠?"
"그런데요!"
"저는 161번지 물류창고 법인 법무담당자입니다."
"저희가 조금 전에 낙찰받은 것 맞습니다!"
"좀 여쭤봐도 될까요?"
"그러시죠."
"어떤 목적으로 낙찰받으셨는지 물어봐도 될까요?"

"저희야 100% 단순 투자 목적입니다."

"그러시면 저희가 제안 하나 할까요?"

"말씀해보세요."

"오늘 납부하신 입찰보증금의 3배를 드릴 테니 잔금 납부를 포기해주실 수 있을까요?"

### 실제 경매 법정 밖에서 있었던 풍경

2017년 12월 14일 수원지방법원에서 진행된 경매 입찰일에 최저입찰가격이 15,029,000원일 때, 낙찰받은 최고가매수인에게 납부한 입찰보증금은 1,052,900원이었다. 그런데 도로를 사용하고 있는 물류창고 회사 담당자가 입찰보증금의 약 3배인 300만 원을 줄 테니 잔금 납부를 포기해달란다.

"무슨 말씀인지 잘 알겠습니다만, 이 건은 저희 법인명으로 입찰한 물건이고, 다른 투자자도 있으니 일단 사무실로 가서 논의해보고 연락드려도 되겠습니까?"

이런 경우 현장에서 즉답을 하지 않는 것이 경험상 유리하다. 입찰보증금 100여만 원에 응찰해서 잔금 납부 포기 조건으로 300만 원만 받고 포기할 물건이 도저히 아닌 것이다.

"담당자님, 하나 물어봐도 될까요?"
"오늘 왜 응찰하지 않았나 물어보시려는 거죠?"
"잘 아시네요."

물류창고 회사 담당자는 응찰자가 있을 것 같으면 입찰하라는 회장님 지시가 있어 서류 등을 모두 챙기고, 보증금까지 수표로 마련해왔는데, 법정 분위기를 보니 입찰할 사람이 없을 것으로 판단해서 회사에는 오늘 유찰될 것 같다고 보고했다. 회사에서도 그러면 다음에 입찰하는 것으로 결론을 내려서 응찰하지 않았는데, 단독 응찰해서 가져가버리는 바람에 자기 입장이 곤란하게 됐다는 하소연이다.

"말씀드린 대로 사무실에게 가서 투자자들과 논의해보고 주신 명함 번호로 전화 드리겠습니다."
"잘 부탁 좀 드리겠습니다!"

며칠 뒤 잔금 납부하기로 방침이 정해졌다고 전화했다.

### 잔금 치르고 버틸 여력만 된다면 꿀단지

이 도로물건 잔금 납부는 P2P 대출 상품을 통해 해결했다. 즉 경매 특수물건 중 특수물건인 지분, 도로, 하천, 임야, 등기부상 가압류채권(후순위 포함), 법정지상 성립 여지 있는 물건 등은 시중 은행 등을 포함한 일반적인 금융기관에서는 의미 있는 액수의 경락잔금 융자가 사실상 불가능하다.

"특수물건의 경락잔금 융자가 불가능하다는 점은 양날의 칼일 수 있고, 우리에게는 기회의 영역입니다."
"그런 부분도 P2P 대출 상품을 통해서 해결해줄 수 있다는 거죠?"
"가능합니다. 지분 투자 물건의 가장 큰 애로사항이 자금조달 문제입니다."
"금리는 어떻게 되나요?"
"물건이나 융자액 크기에 따라서 달라집니다. 구체적인 사항은 물건을 보면서 대답하는 것이 정확합니다."
"아무튼 지분물건도 상식적으로 받아들일 수 있는 금리에서 융자가 가능하다는 말씀이시죠?"
"어떻게 보면 부동산 판도 치킨게임과 비슷한 듯합니다."
"끝까지 버티는 자가 판 전체를 먹는다는 뜻인가요?"
"네, 제 생각은 그렇습니다."

### 낙찰 후 공장에 경계측량확정 요청

앞의 지도를 보면 미평리 16*번지에 있는 물류창고는 이 도로를 활용하지 못하면 상당한 타격을 입을 수 있었다.

"자세히 보니 경매 목적물 땅의 통행권을 잃으면 맹지 비슷하게 되는 상황이네요!"
"이제 보이시나요?"

낙찰받고 P2P 대출 상품으로 자금을 마련해서 잔금을 치른 후 공장 쪽에 경계측량확정 요청 내용증명을 보냈다.

"내용증명을 받고 공장에서 연락이 왔겠네요?"
"경계측량한다고 돈 더 들이지 말고 자기들한테 매각해달라는 협조 공문과 함께 회계담당 이사님이 직접 찾아왔습니다."
"그 회사에서는 다급했나 봐요?"
"솔직하게 나오면 오히려 문제 해결이 간단해지는 것이 세상살이 아닌가요?"
"회사 측 입장은 뭐였나요?"
"말씀드린 것처럼 자기들에게 그냥 매각해달라는 것이었습니다."
"가격만 맞으면 매각할 수 있었다는 말씀이세요?"
"그렇죠!"
"얼마를 요구하셨나요?"
"우리가 소유권이전하면서 들어간 지방세 등과 단기 양도에 따른 양도소득세 등 모든 경비를 제하고 낙찰가격의 2배만 달라고 했습니다."
"그러니까 그게 얼마였나요?"

"3,200만 원을 요구했습니다. 양도세 별도고요."
"회사 측 반응은요?"
"흔쾌히 받아들였습니다."

당초 물류창고 회사의 부탁대로 잔금 납부를 포기하는 대신에 300만 원을 받기로 한 것과 잔금 납부 후 3,200만 원을 받고 마무리한 것에 대한 투자 수익률 비교는 독자 여러분들이 해보기 바란다. 낙찰받아 잔금을 납부하고 매각까지 총 8개월이 소요됐다.

### 우리는 이런 건들에서 희망을 발견하자

앞서 말한 투자 건들에서 독자 여러분이 희망을 읽었으면 한다.

"1,600만 원 투자로 8개월 만에 3,200만 원을 받고 털고 나올 수 있다는 점이 중요합니다."
"그러게요. 이 대목이 어렵네요."
"독자분들이 지분이나 도로물건 같은 진짜 특수물건에 소액투자, 단기 투자가 가능하다는 희망을 발견했다면 저도 이 책을 쓴 밥값은 했다고 생각합니다."
"경매 시장이 포화상태에 들어섰다고 아우성치는 사람들이 많은데, 박사님 책은 시의적절하게 막힌 곳을 뚫어주고, 희망을 비춰주며, 구체적인 투자 방법까지 제시해주는 것 같아 감사히 생각합니다."

"솔직히 거기까지는 아닙니다만, 듣기 싫지는 않습니다. 더 애쓰겠습니다."

"정말입니다. 박사님이 쓴 책들은 책들마다 뚜렷한 특색이 있어 독자로서 도움이 많이 됩니다."

"나도 개인적인 목표가 있습니다."

"저번에 말씀하시던 다다익선 전략을 완성하겠다는 이야기시죠?"

소액 지분 한 50개를 확보해서 매달 한 개 정도씩 매각해서 일부는 사용하고, 또 일부는 지속적으로 지분물건을 매입하는 시스템을 구축할 생각이다.

"매달 한 개씩 매각한다는 전략이 신선하네요!"

"기본적으로 4~500만 원짜리 3배 정도에 매각해서 일부는 생활비로 사용하고, 일부는 재투자 종잣돈으로 개수 유지 전략을 구사할 작정입니다."

소액 투자로 '지분물건, 공유펀딩, 독점경매'로 이어지는 투자 사이클을 완성하면 황금알을 낳는 거위가 따로 없을 듯하다.

"박사님 전략을 따라 해보고 싶네요."
"불가능할 일이 뭐 있을까요?"

# 05
## 멀쩡한 아파트 단지 앞 도로에 통행금지 플래카드

**우리 시청에서는 그런 플래카드 내건 적 없어요** [8]

---

8) 여주지원 2015-154**번 사건이다. 사진은 낙찰 후 도로지분의 소유권을 취득한 법인이 사유지라는 이유로 일반인들의 통행을 제한한다는 안내 플래카드를 해당 도로가 접한 아파트 단지 앞 횡단보도에 해당 지자체인 여** 시청 건설과 명의로 내건 실제 사진이다.

"여보세요! 거기 여** 시청이죠?"

"네, 그렇습니다!"

"아니 세상에 무슨 시청에서 시민들에게 통행하지 말라는 경고 플래카드를 아파트 단지 앞에 내거나요?"

"우리 시청에서 내다 건 플래카드가 아니라니까요!"

"지금 전화받는 공무원님 휴대전화 번호 좀 알려주세요!"

"제 휴대전화 번호는 왜요?"

"버젓이 시청 건설과 명의로 통행하지 말라는 플래카드를 내걸어 놓고서는 민원인이 항의 전화하니 안 내다 걸었다는 거짓말을 너무 자연스럽게 하셔서 내가 찍은 사진을 보내드리려고요. 보고도 그런 말씀하시는지 두고 보려고요."

"알고 있습니다. 오늘만 해도 벌써 20여 명 이상이 전화를 하셔서 저희가 정상적인 업무를 도저히 진행할 수가 없는 지경입니다."

"플래카드 게시자 명의가 시청 건설과로 돼 있다니까요?"

"맞는데 우리가 내건 플래카드가 아니라니까요!"

"아니 무슨 말씀을 그렇게 하시나요? 명의자가 걸지 않으면 누가 시청 명의를 도용해서 내걸었다는 말씀이세요?"

"네, 그 도로지분 낙찰받은 법인이 내건 플래카드입니다. 저희도 이 건으로 정말이지 죽을 맛이라니까요!"

"아니, 그러면 그런 거 내건 사람들을 처벌하면 되지, 공무원들이 골치 아플 것이 뭐가 있어요?"

"사유재산 문제여서 그게 그렇게 간단하지가 않습니다. 우리도 도로지분 낙찰받은 법인 앞으로 플래카드를 제거해달라는 협조 공문을 정중하게 보내 놓고 기다리고 있는 중입니다."
"그런 건 잘 모르겠고 얼른 와서 철거해주세요."
"그게 그렇게 쉽게 제거할 수 있는 문제가 아니라니까요!"
"다른 플래카드는 잘 떼면서 왜 이 플래카드는 못 뗀다는 건가요? 도대체 시청은 누구 편이고, 공무원은 누구 편인지 이해가 안 됩니다. 이해가!"
"그 도로는 도로지분을 낙찰받은 소유자 사유지여서 저희가 함부로 개입하기 어렵습니다."

알고 있어도 해결책을 제시 못하는 담당공무원과 몰라서 해결책을 제시하라는 민원인 사이에 끝없는 입씨름 평행선만 계속되고 있다. 이 전화가 끝나고 나면 다른 민원인이 똑같은 한 수코치 및 항의성 민원 전화를 담당공무원에게 또 하게 될 것이다.

### 사진을 보면 횡단보도가 설치돼 있는 것을 볼 수 있다

이번에는 이 아파트에서 꼬마를 키우는 새댁의 항의 전화다.

"우리가 무슨 죄인라도 된다는 말씀이세요?"
"그게 무슨 말씀이세요?"
"유치원에 앞 횡단보도에다 통행금지 플래카드를 내걸면 어떻게 합니까?"
"이화아파트 사시는 분이세요?"
"하루 빨리 철거 좀 해주세요."

그다음은 앞에서 입씨름한 내용이 토씨 하나 다르지 않고 반복될 것이 분명하다. 담당공무원이 무슨 죄가 있고, 해당 아파트에 사는 주민들이 무슨 죄가 있을까? 그들의 스트레스는 도로지분 보상 문제가 마무리될 때까지 계속될 것이 자명하다. 결국 문제 해결의 총대는 해당 지자체 담당공무원이 멜 것이다.

### 한없이 낮은 자세로 전화하는 시청 담당공무원

앞 사례에 이어 이번에도 도로를 낙찰받은 낙찰자 명의가 ㈜다산**투자다.

"이화아파트 2단지 앞 도로지분을 낙찰받으신 ㈜다산**투자 대표님이시죠?"
"맞습니다만 어디신가요?"
"여** 시청 건설과 담당자 ***입니다."
"그런데 무슨 일이신가요?"

시치미 뚝 떼고 모르쇠다.

"대표님이 내건 사유지 통행금지 플래카드 자진 철거 협조 요청을 좀 드리려고요."

담당공무원이 한없이 부드럽게 저자세로 나오는 바람에 잠깐 마음이 흔들렸던 ㈜다산**투자 대표가 정신을 차렸다.

"시에서 그 문제로 더 이상 왈가왈부하지 않기로 했는데요?"
"알고는 있는데 민원인들의 항의가 심해서 저희가 다른 업무를 도저히 할 수 없는 지경이어서 어쩔 수 없이 다시 연락드렸습니다."
"그러시면 한 번 뵙고 이야기하시죠."

### 어떤 조건이면 철거해주실 수 있으실까요?

"대표님, 어떤 조건이면 플래카드를 철거해줄 수 있으실까요?"
"시의 입장을 먼저 말씀해주시죠!"
"저번에 1차로 설치한 것에 대해 대표님이 '재산권침해 및 권리행사방해죄'로 담당공무원과 시장을 상대로 형사 고소한다고 하셨죠?"
"말씀드린 대로 고소장을 써서 가지고 있습니다."
"회의에서 이 땅은 사도(私道)라서 기본적으로 매입의무는 없는 도로지만, 공익차원에서 매입할 의향이 있다는 점을 대표님께 전달하라고 하셨습니다."

"알겠습니다. 오늘은 그 정도로만 알고 돌아가겠습니다만, 저희 쪽에서 문서로 정식 철거 약속을 하기 전에 시가 일방적으로 철거하면, 그때는 정말 고소장을 접수하겠습니다."

"빨리 결정해서 결과를 알려주시면 민원처리에 많은 도움이 되겠습니다."

### 결국은 매입가격의 문제

"저희 시 입장에서는 사도여서 매입규정상 감정평가액의 1/5 수준에서 매입하는 것이 타당하다는 법리 검토를 받았습니다."

"당초 경매 감정가격이 67,284,100원이고, 15,001,000원에 낙찰받았는데, 시청에서 매입하겠다는 금액은 낙찰가격보다도 더 낮은데요?"

"법리 검토 결과 농지로의 보상은 어렵고, 말씀드린 대로 사도 규정을 적용해서 보상해야 한다고 결론이 났습니다!"

여** 시청 건설과 팀장님은 땀을 뻘뻘 흘리면서도 한 발도 양보는 하지 않은 채 낙찰가격보다도 더 낮은 가격에 도로지분 소유권을 넘기라고 하는 중이다.

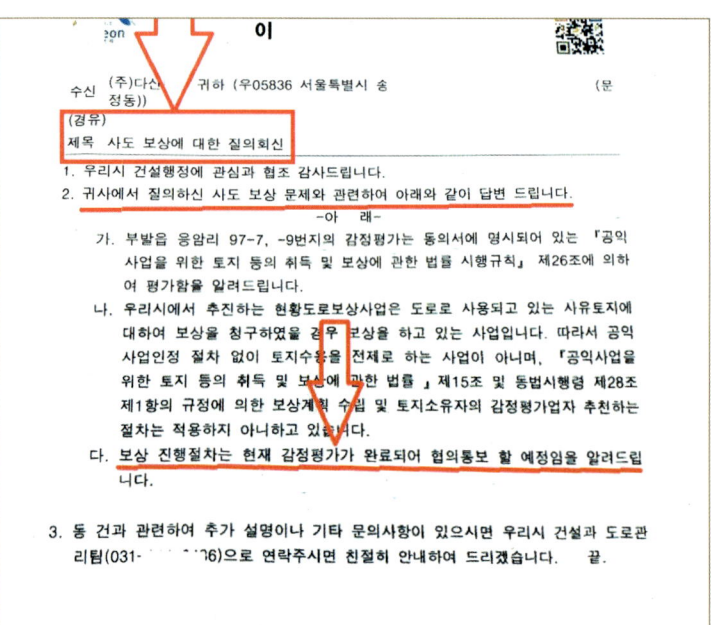

## 도로 전 상태인 농지로 보상을 거듭 요구

"팀장님이시라면 그 가격에 넘기실까요?"

"…."

"저번에도 말씀드린 것처럼 우리는 이 땅의 도로로 개설되기 전인 '농지 전' 상태로 매입해주지 않으면 저희는 매각에 동의할 수 없습니다."

"대표님 말씀은 충분히 이해하지만, 저희 입장에서는 규정대로 해야 한다는 점도 이해해주시기를 부탁합니다."

"일방적으로 결정하시면 저희는 받아들일 수 없다는 입장을 분명히 말씀드립니다."

돈을 사이에 두고 서로 한 치 양보가 없다.

### 사진을 다시 보면 전봇대가 두 개 서 있다

사유지에 점용허가 없이 세운 전봇대는 한전이 지료를 납부해야 한다.

"팀장님, 전봇대를 설치할 때 한전이 소유권자들에게 동의서 받았는지 알아봐달라고 한 것은 확인 좀 해보셨나요?"
"전봇대를 세울 때 토지 소유자의 허락을 받고 심었는지 확인해봤더니 아파트 단지를 조성할 때 한전이 무단으로 설치한 것으로 판명됐습니다."

### 지분이 과반도 못 미쳐도 분할청구소송 가능

"궁금한 게 하나 더 있습니다."
"말씀해보세요."
"가진 지분이 과반 이하인 경우에도 형식적 경매를 위한 분할청구소송 제기를 할 수 있나요?"

"극히 일부만 있어도 분할청구소송을 제기할 수 있습니다."
"비율 등으로 제한하거나 그러지는 못한다는 이야기죠?"

예를 들어 1,000평짜리 물건에 1평만 가졌어도, 1,000평 전체를 경매로 넣을 수 있다. [9) 10)]

---

9) 민법 제269조(분할의 방법)
  ① 분할의 방법에 관하여 협의가 성립되지 아니한 때에는 공유자는 법원에 그 분할을 청구할 수 있다.
  ② 현물로 분할할 수 없거나 분할로 인하여 현저히 그 가액이 감손될 염려가 있는 때에는 법원은 물건의 경매를 명할 수 있다.
10) 대판 93다 9392 참고.

## 06 특수물건의 치유 가능한 하자와 불가능한 하자

**하자 여부부터 따져보자**

경매 물건 중에 하자 있는 물건을 분석할 줄 아는지, 모르는지에 따라 병아리, 삼계탕용, 중닭, 장닭으로 나눠진다. 하자가 있는 물건을 '특수물건'이라고 하고, 이를 어떤 칼, 어떤 솥단지, 어떤 순서, 어떤 양념, 어떤 화력을 동원해 어떤 요리사가 어떤 맛을 내는 요리로 요리하는지에 따라 요리의 맛도, 이름도 달라진다. 맛은 물론 수익(률)이다.

"하자는 낙찰자가 스스로 치유할 수 있는 하자와 낙찰자의 능력 밖에 있는 치유할 수 없는 하자로 나눠집니다."
"계속해주세요."
"그리고 부동산 등기부상 하자와 부동산 자체 하자로 나눠

지고요!"

"계속해주세요!"

부동산 등기부상 하자는 '권리상 하자', 부동산 자체 하자는 '실체적 하자'라고도 한다.

"어떤 하자가 낙찰자 스스로 치유할 수 있는 하자고, 어떤 하자가 낙찰자 힘만으로는 치유가 불가능한 하자일까요?"

### 치유 가능한 하자와 치유 불가능한 하자

"부동산 등기부상 하자, 즉 '권리상 하자'는 낙찰자 힘으로 치유가 불가능하고, 부동산 자체 하자, 즉 '실체적 하자'는 낙찰자의 노력에 따라 얼마든지 하자 치유가 가능합니다."
"'권리상 하자'부터 말씀해주세요."
"낙찰받아 하게 되는 소유권이전 촉탁등기로도 말소되지 않아 낙찰자에게 인수되는 선순위 권리들을 말합니다. 말소기준보다 먼저인 선순위 가처분이나 선순위 가등기 등이죠."

'실체적 하자'는 부동산상 하자로 눈에 보이는 하자다.

"경매당한 집에 보일러가 고장 나 있다든지, 유리창이 깨져 있다든지, 누수 등이 그렇습니다."


### 어떤 쪽이 치명적인 하자인가

"부동산 등기부상의 하자가 치명적일 것 같습니다."
"등기부상 권리에 문제가 생기면 1차로는 소송으로 가게 되고, 소송 결과가 잘못되면 경매로 취득한 소유권 자체에 문제가 생기게 됩니다."

망한 경매가 된다는 말이다.

"거기에 비해서 부동산 자체 하자는 추가비용이 더 드는 것으로 마무리됩니다."
"병아리 입장에서는 등기부등본을 제대로 분석할 수 있는 능력만 있으면 치명적인 하자인 '망한 경매'를 피할 수 있겠네요."

기본에 충실해야 할 또 하나의 이유다.

### 1. 맹지일 때 하자 치유 여부 체크 포인트
* 수용 가능성
* 도로 개설 가능성
* 인접 필지 추가 구입 가능성
* 개발 가능성
* 목표수익률 실현 가능성
* 투자 시작에서 털고 나올 때 까지 걸리는 시간

맹지란 해당 필지가 기본적으로 폭 4m 이상 도로에 접하지 않은 땅을 말한다. 활용에 많은 제약이 따르며, 가격 역시 주변 시세에 비해 낮은 경우가 일반적이다.

### 2. 분묘기지권 성립 여지 하자 치유 여부 체크 포인트
* 분묘기지권 성립 가능성
* 이장 등으로 분묘기지권 해소 가능성
* 낙찰 후 분할 가능성
* 낙찰 후 매각(입) 가능성
* 목표수익률 실현 가능성

분묘기지권 성립 여지 있는 땅일 때는 당초 목적대로 사용하기 어려운 것이 보통이다. 따라서 응찰하고자 하는 목적 또는 출구전략이 뚜렷하거나 해당 토지의 장래 전망이 확실해야 한다.

### 3. 법정지상권 하자 치유 여부 체크 포인트
* 법정지상권 성립 가능성
* 법정지상권 해소 가능성
* 법정지상권자의 재정 상태
* 토지 건물이 따로 경매(매매)되는 사유
* 토지를 낙찰받았다면 건물을 추가로 구입할 수 있는지 여부

* 건물을 낙찰받았다면 토지를 추가로 구입할 수 있는지 여부
* 토지를 낙찰받았다면 토지를 처분할 수 있는지 여부
* 건물을 낙찰받았다면 건물을 처분할 수 있는지 여부

법정지상권 성립 여지 있는 물건일 때는 이를 지렛대로 삼아 높은 수익을 달성할 수 있기도 하지만, 반대로 법정지상권이 하자로 작용해 위험한 경매로 귀결될 가능성도 있다.

### 4. 유치권 하자 치유 여부 체크포인트
* 유치권 성립 가능성
* 유치권 해소 가능성
* 유치권의 진정성 여부
* 유치권을 주장하게 된 사유
* 유치권이 성립하면 추가부담 정도
* 유치권이 성립하지 않을 때 명도 전략

유치권도 법정지상권 성립 여지 있는 물건과 투자 전략이 흡사하다. 이를 지렛대로 삼아 높은 수익을 달성할 수 있기도 하지만, 반대로 유치권이 하자로 작용해 위험한 경매가 될 가능성도 있다. 유치권 역시 양날의 칼이다.

### 5. 농지취득자격증명원 하자 치유 여부 체크포인트
* 농지취득자격증명원을 제때에 발급받을 수 있는가?

이는 지분경매 투자자에게는 중요한 체크 사항이다. 농지취득자격증명원이 필요한 농지(전, 답, 과수원 등)를 낙찰받았을 때 매각허가기일까지 해당 경매계에 제출하지 못하는 경우, 매각은 불허가되고, 농지취득자격증명원을 제출받지 못한 사유로 매각이 불허가되는 경우 입찰보증금은 몰수 대상이다. 참고로 상법상 법인은 농지취득자격증명원 발급 대상이 아니다.

### 6. 공법상 하자 치유 여부 체크 포인트
* 도시지역인가?
* 관리지역인가?
* 농림지역인가?
* 자연환경보전지역인가?

지역에 따른 개발행위 허용 및 규제범위와 내용을 사전에 충분히 파악한 다음 응찰해야 한다.

### 7. 불법, 위반, 무허가 건축물 하자 치유 여부 포인트
* 불법 위법사항이 해소 가능한가?
* 원상복구 대상인가?
* 강제이행금은 어느 정도인가?

경매 판의 산전수전을 다 경험한 고수라도 주의해야 하는 하자 중 대표적인 하자다. 관할관청에서는 위반의 정도에 따라 묵인, 원상복구명령, 강제이행금 부과, 형사고발 등의 조치를 내린다.

### 8. 미등기 건물 하자 치유 여부 체크 포인트
* 미등기 사유가 무엇인가?
* 장기 미등기인가?
* 정상(양성)화 될 가능성 여부
* 실제 면적과 미등기대장에 등재된 면적과의 차이

위의 내용을 해당 지자체에 확인해서 그 내용을 사전에 파악하고 난 후 투자 여부를 결정해야 한다. 미등기 건물은 불법건축물이나 위반건축물과는 달리 비록 등기부는 없지만 합법적인 건축물이다. 따라서 고발이나 강제이행부과 대상이 아니다. 재산세 납부 대상으로 정상적인 부동산이다.

### 9. 지분물건 하자 치유 여부 체크 포인트
* 공유자우선매수권 행사 여부
* 공유지분권자들의 재정 상태
* 공유지분권자들 인원 수
* 분할 등을 위한 송달 난이도
* 지분물건이 된 사유
* 공유물분할이 가능한가?
* 낙찰가격의 적정선 여지
* 향후 출구전략

부동산 경매에서 공유물지분은 높은 수익을 올리는 데 걸림돌이라고 하지만, 대지 지분권은 지렛대 역할을 할 수도 있다. 공유지분물건도 경매 투자에서 양날의 칼이다. 투자 지렛대로 활용하면 높은 수익을 안겨줄 수도 있지만, 다른 쪽 칼날에 상처를 입을 수도 있다.

### 10. 유해시설 인접지역 하자 치유 여부 체크 포인트
* 청소년 출입금지 구역인가?
* 공해물질 배출시설 인접지역인가?
* 주유소, 가스충전소가 인접해 있는가?
* 이전 가능한 유해시설인가?

유해상업시설이나 유해물질 또는 공해물질을 발생거거나 취급하는 시설물의 인근인 경우 부동산 가격이나 개발에 제한을 받게 된다.

Part 02

# 문중 땅 넘어가면 조상도 노숙자 신세

# 01 시어머니 살고 있는 경매당한 시골집, 천사 도우미는 며느리

### 지분경매당한 낡은 시골집 늙은 시어머니, 부자 며느리 [11]

| 소재지 | 경기도 가평군 설악면 ○○리 2**-* | | | | |
|---|---|---|---|---|---|
| 구분 | 강제경매 | 채권자 | 엠**드대부 유한회사 | | |
| 용도 | 단독주택 | 채무/소유자 | 정**/정** 외 7 | 매각기일 | 2017.01.11 (8,806,000원) |
| 감정가 | 8,858,840원 | 청구액 | 11,944,562원 | 종국결과 | 2017.03.27 배당종결 |
| 최저가 | 6,201,000원 (70%) | 토지 | 전체 322㎡ 중 지분 37.9㎡ (11.5평) | 경매개시일 | 2016.08.24 |
| 입찰보증금 | 10% (620,100원) | 건물 | 전체 78.59㎡ 중 지분 14.29㎡ (4.3평) | 배당종기 | 2016.11.09 |
| 주의사항 | · 지분매각 | | | | |

---

11) 의정부지방법원 201*-22***번으로, 이 투자 사례는 실제 사건번호를 공개하지 못한다. 이유는 본문을 읽어보시면 이해가 될 것이다. 그런다고 핵심 내용이 사실과 다르다는 말은 아니다.

* 당초 감정가격 : 8,858,840원
* 당일 최저가격 : 6,201,000원(감정가격 대비 70%)
* 당일 입찰가격 : 8,806,000원(감정가격 대비 99.4%)
* 당일 입찰자 수 : 3명
* 경매 대상면적

  대지 전체 : 전체 322$m^2$ 중 지분 37.9$m^2$(정진* 지분)

  건물 면적 : 전체 78.59$m^2$ 중 지분 14.29$m^2$(정진* 지분)
* 특별 매각조건 : 지분매각

80 노모가 홀로 거처하고 있는 주택이다. 지은 지 40여 년도 더 지난 담도, 대문도 없는 이제는 허물어지기 일보 직전의 농가주택이다. 시골에서 어린 시절을 보낸 많은 분들에게는 낯익은 장면일 것이다. 필자도 이런 분위기, 이런 마을에서 어린 시절을 보냈다. 정서상 충분히 공감되는 사진이어서 마음이 더 아프다.

### 돈 되는 시골 농가 상속 지분물건 선택하는 노하우

"경매정보지에 올라와 있는 부동산 등기부를 보면 그 물건의 해결방법이 어느 정도 보입니다."

등기부등본에 나온 지분권자들의 주소를 봐서 괜찮은 동네, 좋은 주택에서 살고 있는 상속받은 자식들이 많을수록 투자 가치는 급상승한다. 나중에 그들이 매입하고 나설 가능성이 높기 때문이다.

"이 물건 같은 경우가 그렇다는 말씀이세요?"
"부모님 중 어느 쪽이 지분 부동산에 살고 있고, 상속받은 형제 중 한두 사람이 사고 쳐서 지분 일부가 경매 넘어간 경우의 물건은 특히 그렇습니다."
"어느 정도 일리 있는 말씀이시네요."

"잘사는 며느리가 있으면 100%입니다."

남의 피가 문제 해결사인 경우를 자주 본다.

"딸들은 아닌가요?"
"딸들은 부모님을 모시고 가려고 하는 경우가 많아 우리 편이 안 될 가능성이 높습니다."
"그럴까요?"
"아닌 경우도 있겠지만, 잘사는 집일수록 며느리들이 더 적극적입니다."
"심한 이중성을 느끼게 되네요!"
"친정에서는 딸이 시댁에서는 며느리라는 말씀을 하고 싶으신 거죠?"
"아들만 있는 집의 슬픔입니다."

칼로 무 베듯이 딱 잘라 말할 수는 없는 대목이다.

"듣고 보니 딸들은 우리 투자에 훼방꾼일 수도 있겠네요."
"그렇게까지 말할 일은 아니지만, 우리 입장에서는 대체로 며느리가 더 우군일 수 있습니다."

잘사는 며느리는 시부모의 시골집이 없어지는 것을 가만 두고 보지 않는다.

"시골 물건 지분 투자자에게 며느리가 우군이라는 말은 이런 물건에 투자 안 해본 사람은 알 수 없는 지론입니다."

"그러게요. 고기도 먹어본 사람이 맛을 안다고, 같은 지분 책이라도 투자해보고 쓴 책과 그렇지 않은 책의 차이가 참 크네요."

"돈 들고 밤길 걸어가봐야 가슴 설렌다는 말 실감납니다."

"남의 이야기 아무리 해봐야 떨리는 일 없습니다."

"딸만 그럴까요?"

"꼭 그렇지는 않겠지만 이런 일을 결정할 때 집안에서 여자 의견 절대 무시 못합니다."

"아들들은 눈만 껌벅거리면서 엉거주춤하고 있는 것이 보이네요!"

"낙찰당한 경매 지분을 되사서라도 시부모가 시골에서 계속 살기를 원하지, 도시의 자기 집으로 모시려고 하지 않으려 해서 그렇다는 말씀이시죠?"

"투자 타깃이 대강 정해지시나요?"

**[건물] 경기도 가평군 설악면 \*\*리 2\*\*-\***

| 순위 번호 | 등기 목적 | 접수 | 등기 원인 | 권리자 및 기타사항 |
|---|---|---|---|---|
| 2 | 소유권 이전 | 2016년 4월 20일 제98호 | 2014년 3월 8일 상속 | 공유자<br>지분 15분의 3<br>김종\* 380110-2\*\*\*\*\*\*<br>경기도 가평군 설악면 \*\*로 5\*\*-\*\*<br><br>지분 17분의 2<br>정진\* 640712-1\*\*\*\*\*\*<br>경기도 가평군 설악면 \*\*로 6\*\*-1\*<br><br>지분 17분의 2<br>정춘\* 661230-2\*\*\*\*\*\*<br>서울시 강남구 세곡동 5\*\* 세곡리엔파크 51\*동 10층 100\*호(\*\*로 590길 6\*)<br><br>지분 17분의 2<br>정제\* 681117-1\*\*\*\*\*\*<br>서울시 송파구 방이동 8\*, 올림픽선수촌 21\*동 17층 170\*호(양재대로 121\*)<br><br>지분 17분의 2<br>정명\* 711021-1\*\*\*\*\*\*<br>서울시 송파구 신천동 17. 20, 파크리오 20\*동 201\*호(올림픽로 43\*)<br><br>지분 17분의 2<br>정일\* 740110-1\*\*\*\*\*\*<br>경기도 가평군 설악면 \*\*로 12-\*\*\*<br><br>지분 17분의 2<br>정희\* 770110-2\*\*\*\*\*\*<br>경기도 김포시 장기동 186\*-2, 한강현대대성 40\*동 2층 20\*호(김포한강로)<br><br>지분 17분의 2<br>정정\* 790626-1\*\*\*\*\*\*<br>강원도 춘천시 우두동 106\*, 삼성 10\*동 14층 140\*호(\*\*로 30) |

이 물건의 등기부등본 실물로, 상속인들의 이름과 주소지만 필자가 약간 수정했다. 소유자였던 부친의 사망으로 모친과 자식 등 7명 상속인 앞으로 공평하게 상속된 결과로 지분 분할된 것을 볼 수 있다.

### 상속받기 싫었다는 부자 며느리 [12]

**(세곡리엔파크 딸)** : "그러면 어떻게 하겠다는 말이야? 우리들이 협의해서 번갈아가면서라도 모셔야지."

**(파크리오 며느리)** : "우리 집 형편상 집으로 모시는 것은 하루도 어렵습니다."

**(올림픽선수촌 며느리)** : "우리도 모시는 것은 절대 안 되고 1/n씩 공평하게 부담해서 마무리합시다."

**(한강현대 딸)** : "너무들 하시네. 부담할 수 있는 사람들이 좀 더 부담해서 엄마를 여기서 살게 합시다."

시골집의 일부 지분을 경매당한 마당에 이 집에서 홀로 살고 있는 노모의 거취를 어떻게 할지를 두고 딸들과 며느리들 사이에 격론이 벌어지고 있는 중이란다. 서울로 모시자고 주

---

12) 이 대화는 경매당할 당시 이 집에서 그때까지 혼자 살고 있던 정진* 씨 모친에게 들은 이야기를 필자가 정리했다. 따라서 100% 사실과는 다를 수 있다는 점을 염두에 두고 읽어주시기 바란다.

장하는 사람은 1명이고, 3명은 현재와 같이 시골에 사시도록 하자는 주장이 끝없이 반복됐을 것이다.

"대강 분위기가 그랬다는 이야기입니다."

딸 한 사람은 이 참에 서울로 모셔와 번갈아가며 모셨으면 하고, 또 다른 딸과 며느리들은 돈을 부담해서 낙찰당한 지분을 매입해 노모를 시골집에서 살게 하자는 취지였다.

### 형제들 싸우는 거 보기 싫어 2,200만 원에 매각하고 끝냈다

"880만 원에 낙찰받으셨다면서요?"
"네, 맞습니다. 경매지 보시면 그렇게 돼 있습니다!"
"형제들끼리 '상속을 받기 싫었네. 상속 필요 없었네' 하는 이야기부터 할머니를 어디에 누가 모실까를 두고 설전이 이어졌다면서요?"
"결론은 노모를 서울로 모시지 않고, 시골집에 계속 혼자 계실 수 있게 각자가 부담하는 것으로 마무리됐다고 연락이 왔습니다."
"팔라는 요청을 했겠네요?"
"그렇죠."
"그런 판이면 많이 불러도 됐겠는데요?"
"아니요. 하루라도 빨리 매각해버리고 싶었습니다!"

협상은 빨리 마무리됐단다.

"노모를 대상으로 잘사는 자식들끼리 다투는 거 보기 싫어 2,200만 원에 매각하고 끝냈습니다!"
"경매로 일부가 넘어갔으면 경매쟁이 마음먹기에 따라서 나머지를 요리하는 것도 시간문제잖아요?"

선수에게 걸리면 지분으로는 1/100, 면적으로는 0.1평만 선수가 확보해도 나머지 전체가 넘어가버리는 것은 시간문제다.

"특히 이 물건처럼 자식들이 경매 과정에 별 관심도 없고, 나 몰라라 하는 경우에는 몽땅 차지하려고 마음만 먹는다면 그다음은 그야말로 식은 죽 먹기죠."
"그렇다면서요?"
"남의 피야 그런다고 하더라도 먹고살 만한 딸들도 서로 모시지 않겠다고 아우성치는 게 보기 싫어서 헐값에 털기로 했습니다."

### 경매당한 집에서 혼자 사는 80 노모는 정정했다

"진*가 사고를 쳤지!"
"진*이가 누구예요?"
"큰아들, 이 집 경매당하게 한 놈!"

"아 그렇군요. 지금 어디 있는지 연락되세요?"
"며칠에 한 번씩 지가 전화를 하제. 나는 연락처 몰라."

그러면서 할머니에게서 이 집의 가정사를 들을 수 있었다. 남의 가족 내막도 모르면서 말 쉽게 한다고 야단하셔도 어쩔 수 없다. 내 귀에는 80 노모 이야기만 들리고, 내 눈에는 경매 당하고도 정정한 80 노모 늙은 모습만 보인다. 건물을 지은 사람은 피상속인인 부친으로, 건물 등기부를 보면 이 농가주택의 소유권 보존등기가 2018년 기준으로 37년 전인 1981년인 것을 볼 수 있다.

이 집에 살고 있는 노모에게 들은 이야기로는 영감이 20년 살던 당시 초가집을 허물고 다시 지은 것이 1981년이었단다. 정리해보면 피상속인 부친이 이 집을 손수 지었고, 대부분의 형제들이 이 집에서 나고 자란 것을 알 수 있다. 하지만 다 옛날이야기일 뿐이다. 5남 2녀의 다복했을 가정을 통해 현재 우리나라의 형제, 자매, 사촌형제들로 구성된 일가친척의 의미를 곱씹어 본다. 차라리 피 안 섞인 남들이 더 낫다고 고래고래 외마디 소리를 지르는 분들도 많다. 언제부터인가 말이다. 비극이다.

# 02 상속으로 지분물건이고, 시세보다 저평가된 시골집

**시세보다 저평가된 시골 지분물건** 13)

"박사님 시세보다 저평가된 물건이라고 하셨는데요?"

대지만 경매 나온 1/5 지분으로 시세보다 낮게 평가됐고, 위치나 모양새, 크기도 적당해서 감정가격의 94.39%인 2,200만 원에 응찰해서 낙찰받은 투자 이야기다.

"경매 물건 임장 가서 시골 촌부 말을 믿으시나요?"
"그러면 누구 말을 믿어야 하나요?"

---

13) 여주지원 2017-309**번이다. 감정가격은 23,306,400원이고, 전체 747㎡(226평) 중 박영* 지분인 1/5[149㎡(45.2평)] 경매로 진행된 사건에서 2,200만 원에 응찰해서 경쟁률 2대 1로 낙찰받은 사건이다.

"한마디로 '아서라'입니다. 씨알도 안 먹히는 헛소리인 것이죠!"

이 물건처럼 시골 물건 임장을 가서 참고할 사람 이야기를 열거하던 중 갑자기 톤을 높이는 우 박사다.

"박사님, 무슨 말씀이세요? 다른 경매 책들을 보면 시골 물건 시세 조사할 때는 보통 그 물건 인근지역 부동산 중개업소를 세 군데 정도 방문해서 가격을 들은 다음 1/3로 평균해서, 그 평균 가격보다 10% 정도 낮게 흥정하면 바가지 쓸 일 없다고 쓰여 있는 것을 본 적 있는데요."
"나도 그런 엉터리 같은 이야기를 읽은 적 있는데, 특히 초보 시골 물건 경매 투자자를 생지옥으로 끌고 들어가는 헛소리입니다."
"그 말이 틀렸다는 말씀이세요?"
"요즘 시골 양반들 그리 순진하지 않습니다. 그리고 특히나 자기 동네 경매 물건 알아본다고 설치고 다니는 외지 사람들을 좋게 보지 않습니다."
"그거하고 바가지하고 무슨 상관이 있나요?"
"시골 부동산 중개업자끼리 서로 가격 짬짜미 품앗이합니다."
"그게 어떻게 가능한가요?"
"감정평가사가 처음 경매 물건 감정 왔을 때부터 가격을 올리기 시작합니다."

"어떻게요?"

"어려울 거 뭐 있나요? 매일 연락하고 같이 점심 저녁 소주 막걸리 먹는 옆집 중개업자끼리 전화 한두 통이면 끝입니다."

"옆집 중개업소하고는 경쟁관계여서 가격 담합이 어려울 것 같은데요?"

부동산 중개매물을 가지고야 경쟁하겠지만, 경매 물건 감정 가격을 담합하는 것은 과부 사정을 홀아비가 이해하는 것보다 쉽다.

"듣고 보니 그럴 듯합니다."

시골 중개업자끼리는 친해도 너무 친하다.

"그거 아세요? 시골 경매 물건은 다른 경매 물건에 비해 살 때하고 팔려고 할 때 가격 차이가 더 심하게 차이 난다는 것을요!"

촌부들 뺀질이 됐다고 흉보거나 야단할 일이 절대 아니다. 순진했던 시골 촌부들 상대로 부동산 가지고 장난쳐서 손해 입힌 외지 부동산 투기쟁이들 책임이 크다.

"'서울(외지) 사람=뺀질이, 시골 양반=순둥이' 그런 공식이라도 있다는 것처럼 말씀하시면 시골 양반들한테 크게 당할 수 있습니다."

## 입장을 바꿔 놓고 한 번 생각해보시라

우리 민족은 일정한 곳에 자리를 잡고 사는 정주(定住)민족으로, 대대손손 한마을에서 이웃과는 형제처럼 살아왔다. 지금이야 많이 변했다고는 하지만, 그래도 시골은 여전히 마을을 중심으로 이웃과 끈끈히 연결돼 있다. 양이나 염소, 말, 소를 키우기 위해 질 좋은 목초지를 찾아 끝없이 돌아다니는 유목민족이 아니라는 말이다.

누구네 집에 숟가락, 젓가락이 몇 개인지 다 아는 사이다. "우리 아들 친구인 옆집 아들놈이 객지 가서 사업을 시작했다네. 장사를 시작한다네" 하는 소문들이 돌더니 어느 날 옆집 선산 땅이 경매 들어갔다는 소문이 돌더란다. 그리고 얼마 안 있어 우 박사 같은 경매쟁이들이 좋은 차를 타고 나타나서 여기저기 부동산 중개사무소를 찾아다니고, 마을 이장 만나서 "그 물건 어떻냐? 저 물건 어떻냐?" 물어보며 돌아다닌다고 상상해보자. 이런 상황에서 촌부들 눈에 외지 경매쟁이들이 예쁘게 보일 리 만무하고, 좋은 소리가 나오기 쉽지 않다.

### 이 물건도 상속 물건이었다

1/5 지분으로 다섯 형제가 사이좋게 상속받았다가 그중 한 사람 지분이 경매 나온 경우로 지상에 입찰 외 주택이 있었다.

"경매정보지상에 '입찰 외'라는 표현이 나타나면 법정지상권[14] 성립 여지를 고민해야 한다고 박사님이 쓴 경매 권리분석 책에서 본 것 같습니다."

이 물건을 실제 검색해보면 입찰 주의사항란에 '지분매각, 법정지상권, 입찰 외'라는 문구를 볼 수 있다.

"요즘 경매 투자하시는 분들은 전체적으로 기본 공부를 많이들 해서 그런지, 이런 부분에서는 실수하는 분들은 별로 없는 것 같습니다!"
"그래도 주의하셔야 합니다. 사소한 것 하나라도 놓치면 나중에 손해를 입을 수 있습니다."

---

14) 법정지상권에 관한 약간의 설명은 part 06의 04에서 확인하고, 그것으로 부족한 분들은 《경매 NPL 입문자를 위한 권리분석의 모든 것》을 구입해서 공부할 것을 권한다.

**법정지상권이 문제가 되는 경매 물건 투자 전략 4가지**

법정지상권 성립 여지 있는 경매 물건 투자 전략은 대강 다음과 같이 4가지로 구분된다.

① 토(대)지를 낙찰받고 난 다음 지상의 건(축)물이나 수목 등을 일반 매매로 구입하는 방법.
② 토(대)지를 낙찰받고 난 다음 법정지상권자에게 토(대)지를 매각하는 방법.
③ 지료확정소송을 통해 지료를 확정한 다음, 지상의 건(축)물이나 수목 등을 구입하는 방법.
④ 법정지상권을 무력화 시킨 후에 지상의 건(축)물이나 수목 등을 구입하는 방법.

**이 물건은 속 편하게 처분했다?**

"다른 지분권자에게 매각했다고 하셨죠?"
"제가 직접 투자한 건이 아니어서 정확하게는 몰라도 낙찰받은 분에게 들은 이야기로는 그랬다고 했습니다."
"얼마에 매각했나요?"
"2,200만 원에 낙찰받아서 3,300만 원에 매각했다고 합니다."
"작게 남은 것이 흠이기는 하지만, 사실이라면 속 편한 투자네요!"
"그렇지도 않습니다."
"2,200만 원에 낙찰받아서 3,300만 원에 매각했으면 1,000만 원 정도 남았다고 보이는데 그게 아니라는 말씀이세요?"

그렇게 보려고 하면 그렇게 볼 수도 있다.

"2,200만 원 4개월 투자로 1,000여만 원 정도 남았다면 연 수익률로는 55% 정도입니다. 이런 투자를 대박이라고 하지 않나요?"

### 2,200만 원에 낙찰받아 3,300만 원에 처분했다

"매각까지 얼마나 걸렸다고 했나요?"
"4개월 걸렸답니다."
"지분물건 마무리까지 시간이 의외로 안 걸려서 당황스럽네요."

필자도 당황스럽기는 마찬가지다.

"지분물건을 1년도 안 걸리고 처분해서 나오는 경우를 보면서 혼란스러웠던 적이 여러 번 있었습니다."

"지분 투자에도 맹점이 있지 않나요?"

"네, 하나는 잔금 융자가 안 된다는 것과 다른 하나는 낙찰에서 마무리까지 시간이 오래 걸린다는 것으로 많은 분들이 알고 있죠. 저도 그렇게 알고 있었고요!"

"그럼 지금은 그렇지 않다는 말씀인가요?"

"물건이나 요리사에 따라 다른 맛, 다른 결과가 나온다고 봐야 정확할 것 같습니다. 원재료, 도구, 요리사, 물, 불, 그리고 먹는 사람의 기분에 따라 확실히 맛이 달라집니다!"

"무슨 투자든 이 대목이 핵심일 듯합니다."

"수고 없이 저절로 고수가 될 수 없습니다."

### 낙찰에서 매각까지 4개월 걸렸다

"기존의 지분권자가 매각할 것을 부탁했다고요?"

"맞습니다."

"이 대목에서 궁금한 것이 하나 있습니다."

"말씀해보세요."

"이 경우도 마찬가지로 1,100만 원이나 더 주고 살 거면 지분권자로 공유자우선매수청구권을 행사하지 않는 이유가 뭘까요?"

필자 역시 정말 늘 궁금한 점이다.

"그러게 말입니다."

"그것이 훨씬 싸게 잡는 거잖아요. 불확실성도 줄이고!"

"제 경험으로 보면 지분물건 입찰에서 지분권자가 공유자 우선매수청구권을 행사하는 경우는 20건 중 한 건도 채 되지 않는 것 같습니다."

"그것 역시 상대적이라는 말씀이시죠?"

"내 눈에 좋게 보이면 상대 눈에도 좋게 보이는 것은 당연한 이야기 아닐까요?"

### 지역 농협에서 건물 등기되면 융자 가능하다고 약속했다

"지상에 건물이 있다고 하셨죠?"

"물건 조사 당시 지역 단위농협에서 건물 등기부만 만들어지면 지분이라도 융자를 해주겠다고 했습니다."

"물어보고 싶은 것이 하나 있습니다."

"대지 지분만 받았는데 건물을 어떻게 해결하는지 궁금하신 거죠?"

"네, 건물도 미등기 건물이라면서요."

"지분에 법정지상권 성립 여지 있는 물건의 해결방법만 알고 있으면 그리 복잡한 경우는 아닙니다."

"대지 낙찰 후 지료를 모았다가 그 지료를 채권으로 건물 가압류를 신청하고, 이때 미등기 건물이나 채권자 대위등기를 통해서 건물 보존등기를 한 다음, 강제경매로 넣어서 낙찰받으면 된다는 건가요?"

"많이 아시네요. 하지만 그 전에 해야 할 일이 하나 있습니다. 지료를 주지 않으면 법정지상권 부존재소송 또는 건물 철거소송을 통해 법정지상권을 무력화시킨 다음, 그 결정문이나 판결문, 화해조서 등을 첨부해서 경매 신청하면 다른 사람들은 입찰하지 못하게 됩니다."

이 작업을 거치면 평균 낙찰가격 이하에 건물을 취득할 수 있다.

"대지 지분 지료를 채권으로 건물이 강제경매 들어갈 때도 건물 전체가 경매 목적물이 되나요?"
"그렇습니다."
"그림이 조금씩 이해가 됩니다."

노련한 요리사(경매쟁이)는 지분이라는 접시에 재료를 1/1,000이라도 담기만 하면 전체를 요리할 수 있다.

### 점, 선, 면, 공간으로 이어지는 경매 세상

점이 이어지면 선이 된다.

선을 평면으로 이어 붙이면 면이 된다.
그 면을 쌓으면 공간이 된다.

수학 시간이 아니고, 미술 시간은 더더욱 아니다. 다 아는 이야기다. 그러나 경매 판에 이 이야기를 적용하면 말이 달라진다. 바늘 하나 꼽을 수 있는 정도의 교두보 점 하나만 찍으면 전체를 뒤집을 수도 있다. 많은 할 말을 아낀다. 말을 아끼는 것은 필자의 자제력이고, 행간을 읽어낼 수고는 여러분의 몫이다.

# 03
## 문중 땅 넘어가면 조상도 노숙자 신세 못 면한다

"여수 밤바다 이 조명에 담긴 아름다운 얘기가 있어. 네게 들려주고파. … 아, 너와 함께 걷고싶다….'

버스커버스커의 히트곡 〈여수 밤바다〉 노랫말을 저절로 흥얼거리게 되는 곳이다. 그런데 노래는 부르거나 들어야 제맛이 나지, 글로 읽으려니 아무래도 어딘지 좀 허전하다. [15]

---

15) 순천지방법원 경매 사건번호 17-95**번이다. 여수 바다가 내려다보이는 전(田)으로 지분물건이고 일부는 맹지인 물건이다. 낙찰 전체 면적은 38.2평이고, 낙찰가격은 31,210,000원(감정가격 대비 129.53%)였고, 당초 경매 감정가격은 24,094,300원이었다. 1차에 약 700여만 원 더 쓰고 단독으로 낙찰받았다. 정보를 상세히 말해드리는 이유가 읽혀지고 이해되기를 기대한다.

### 고가 입찰로 지분권자 공유자우선매수청구권을 틀어막았다

"지분물건을 1차 때 감정가격의 129.53%인 31,210,000원에 단독으로 응찰하셨는데 너무 비싸게 입찰한 것 아니신가요?"
"토박이로 여수에서 중개업소를 30여 년 하고 있는 형님이 이 물건에 대한 가치나 채무자들에 대한 기본 정보를 사전에 주셔서 파악하고 입찰했습니다."
"뜬금없이 여수 물건인가 했다니까요. 크기도 별로고!"
"기본 정보를 준 사람이 있었다니까요."

그래도 40평도 안 되는 지분물건을 1차에 감정가격보다 높게 쓰기란 쉽지 않은 이야기다.

"입찰하고 나서 알았는데, 이 지분권자가 공유자우선매수청구권을 행사하려고 경매 법정에 와 있었더라고요."
"경매 법정까지 왔으면서 왜 공유자우선매수청구권을 행사하지 않았을까요?"
"본인들이 생각했던 가격보다 높게 응찰해버리니까 포기했다고 하더라고요."
"경매 법정에서 만났다고 하셨죠?"
"낙찰받고 나오는데 지분권자가 기다리고 있었습니다."
"이야기 좀 하셨겠네요?"
"스토리 좀 들었습니다."

### 문중 땅 뺏기면 문중 귀신이 쫓겨난단다

"아재, 보소. 그 땅이 으떤 땅인지 알고 받았쑈이?"

조상들을 모신 문중 선산을 어떻게든 지켜내려는 효성 깊은 촌부의 걸쭉한 전라도 사투리가 구성지다.

"우리는 그런 건 잘 모르고 거기가 우두리 관광단지 인근 땅이고, 가격도 비싸지 않아서 그냥 생각 없이 받았습니다."
"그란디, 우째 그렇게 높게 썼쑈이?"
"생각 없이 받았다니까요. 평당 250만 원씩 해서 6,000~6,500만 원은 쉽게 받을 수 있다고 해서 그런 줄 알고 썼습니다!"
"어디 문딩이 자슥이 그런 헛소리합디까?"
"그 인근 동네 중개업자들이 대강 그렇게 이야기를 해서 그런 줄 알았지, 제가 광주 사람인데 어떻게 알겠어요?"
"여러 잔소리 말고 5,000만 원 주께 우리한테 넘기소이!"
"나는 못 받아도 6,000만 원은 받아야 하는데…."
"머리도 허옇고, 많이 배운 거 같은 착하게 생긴 양반이 입으로는 날강도 같은 소리 하시네. 여러 소리 말고 우리한테 넘겨야제 다른 사람 줬다가는 사단 벌어지요이. 알것소이?"
"다시 꼭 사셔야 할 이유라도 있나요?"
"아재, 고 옆으로 묘 있는 거 봤제?"
"아니요. 못 봤는데요."

"뻔하디 뻔하게 있는디 으째서 못 봤쓰까. 못 봤다고? 있어. 그 땅 우리 문중 땅이고, 문중 어르신네(귀신)들 집이제!"

"그래서요?"

"아따, 이 아재 말귀 못 알아듣네. 그 땅이 다른 사람한테 넘어가블믄 나중에 저승 가서 조상님들 뵐 면목이 없제라!"

"아, 나는 또 무슨 말씀이시라고!"

"아라드렀쓰믄 꼭 우리한테 넘기소. 다른 사람한테 넘기믄 사단 벌어지요이. 그라고 후하게 쳐주게. 아라쑈이?"

"생각을 좀 해보겠습니다."

"아따, 생각은 무슨 생각? 우리는 할 말 다 했승께. 약속 지키씨요이?"

"저는 뭐 약속한 것 없는데요."

"여러 말 하지 맙씨다!"

우리는 공유물분할청구소송이라는 다른 카드를 만지작거리고 있었다.

## 바다가 보이고 관광단지로 개발이 계속되고 있다

바다나 강, 저수지 등 물이 보이면서 완만한 경사의 남동향 땅은 산 자를 위한 집터로서도 1등급지이겠지만, 망자를 위한 묘지로도 명당으로 쳐준다.

풍수에서는 '물(水)=돈(金)'이다. 특히 물이 흘러드는 쪽을 마주 보고 있는 땅(=임야)은 산 자를 위한 집터나 망자를 위한 묘지 터로 인기가 높다.

위의 사진은 감정평가사가 찍어온 현장 사진으로 호텔과 리조트가 건설되고 있는 여수 우두리 관광단지로 개발이 한창 진행되고 있는 지역이다. 사진 위쪽으로 바다가 보인다.

### 우리와 가격 차이는 약 1,000만 원 정도

매매가격으로 우리는 낙찰가격의 2배 정도인 6,500만 원을 부르고 있고, 지분권자 쪽에서는 5,500만 원이면 사겠단다.

"양측 가격이 1,000만 원 정도 차이가 난다는 건가요?"
"맞습니다."
"지분권자 쪽에서 매입의사가 있다는 말이네요."
"경매 당일 지분권자 대표가 왔다니까요?"
"흥정이 가능한가요?"
"기본적인 입장만 이야기했고, 아직은 서두르지 않고 있습니다."
"언제 속마음을 드러낼 생각이세요?"
"말로 하는 것보다는 문서로 내용을 전달하는 것이 더 효과적입니다."
"내용증명을 보내겠다는 말씀인가요?"
"이미 보냈습니다."
"사거나 팔라는 내용이었겠네요?"
"사이좋게 협의분할하자는 내용으로 보냈습니다."
"그쪽에서 깜짝 놀랐을 것 같은데요."

허를 찌르기 위해 예상도 못하고 있던 '공유물분할'을 요청하는 내용증명을 보냈다.[16] 다음에 보여드리는 대법원 정보열람 화면처럼 이 책을 쓰고 있는 현재, 공유물분할청구소송을 제기해서 법원 주선으로 조정 중에 있다.

---

16) 제268조(공유물의 분할청구)
　① 공유자는 공유물의 분할을 청구할 수 있다. 그러나 5년 내의 기간으로 분할하지 아니할 것을 약정할 수 있다.
　② 전 항의 계약을 갱신한 때에는 그 기간은 갱신한 날부터 5년을 넘지 못한다.

## 공유물분할청구소송이 시작됐다

사건번호 : 광주지방법원 순천지원 2018가단27**

**기본내용**

| 사건번호 | 2018가단27** | 사건명 | 공유물분할 |
|---|---|---|---|
| 원고 | 김종* | 피고 | 정** 외 5명 |
| 재판부 | 민사3단독(전화 : 061-7**-****) | | |
| 접수일 | 2018.03.23 | 종국결과 | |
| 원고소가 | 1,487,808원 | 피고소가 | |
| 수리구분 | 제소 | 병합구분 | 없음 |
| 상소인 | | 상소일 | |
| 상소각하일 | | | |
| 인지액 | 7,400원 | | |
| 송달료, 보관금, 종결에 따른 잔액조회 | | 사건이 종결되지 않았으므로 송달료, 보관금 조회가 불가능합니다. | |
| 판결도달일 | | 확정일 | |

"여수 밤바다가 보이는 지분물건 현물분할소송을 제기했다는 말씀이시죠?"
"조상 잘 모시려던 후손분이 엄청 시끄러웠을 듯합니다."
"당장 만나자고 난리도 그런 난리가 없습니다."
"분할이 진짜 목적은 아니시죠?"
"아니요. 꼭 그렇지도 않습니다. 가격이 안 맞으면 분할해서 가지고 가는 것도 방법 중 하나죠."
"조상 잘 모시는 후손분 생각해서라도 웬만하게 가격 맞으면 그냥 넘겨드리세요!"
"그래야죠. 그러겠습니다."
"그런데 정말로 38.2평짜리 땅도 분할소송을 하시네요?"
"기존의 지분권자를 압박하는 효과도 있죠."
"소송 제기 전과 후의 태도가 달라진다는 말씀이시죠?"

분할소송 제기가 지분물건을 낙찰받아 기존의 지분권자들과 협상할 때 효과적인 압박 수단이 되는 측면이 분명히 있다.

### 2명 공동 투자 각 1,500만 원씩 투자, 예상 수익도 1,500만 원씩

이 건은 두 명이서 절반씩 투자해서 낙찰받았단다.

"마무리까지 얼마나 예상하시나요?"
"1년 정도로 생각하더라고요."

간단히 계산해보면 한 사람당 1,500여만 원씩 투자해서, 수익도 그 정도 되는 투자다.

## 이 물건 낙찰자는 이론과 경험을 겸비한 최고의 지분 고수

이 물건 낙찰자는 이 책의 공저자인 최 선생으로, 필자가 개설해 운영하고 있는 '지분경매, 공유펀드, 독점경매' 주말 집중반의 '도로 하천 임야 등이 공유지분일 때 투자 구조 및 투자 사례'와 '공유지분과 후순위 채권 투자 관계'를 강의하고 있는 강사다.

"박사님이 선택하신 투자 고수라는 말씀을 하고 싶으신 거죠?"
"최 선생님이 낙찰받은 물건에는 2006년에 350만 원짜리 지분물건도 있었습니다."
"입찰보증금이 350만 원이 아니라 총 낙찰가격이 350만 원이라는 말씀이세요?"
"존경하지 않을 수 없습니다. 처음에는 나도 믿지 않았습니다."
"전에 '투자는 수익률이다!'라는 말씀을 하신 것이 기억납니다."
"지분물건처럼 특수물건에 처음 도전하는 분들은 가능하면 금액이 적은 물건에 도전하셔야 합니다."
"투자에서 배우기 왕도는 '직접 해보는 것'이라고 한 말씀도 생각나네요!"

### 병아리는 한입에 다 먹으려고 하면 안 된다

경매 투자 경험이 별로 많지 않은 초보 투자자가 큰 물건에 입찰하는 것에 대해서는 한사코 반대다. 필자가 아는 경매 투자판은 당초 계획대로 진행된 경우보다 그렇지 않은 경우가 많았다. 경매 공부의 가장 큰 스승은 '경험'이다. 1,000만 원 1건 투자로 배우는 경험이나, 1억 원짜리 1건에서 배우는 경험이나 배움의 크기는 마찬가지다. 1,000만 원짜리 투자니까 1/10만 배우고, 1억 원짜리니까 10/10을 배우고 그런 것은 없다.

1억 원짜리 1건 투자보다는 1,000만 원짜리 10건으로 쪼개서 하는 투자가 백번 잘하는 투자다. 몸은 좀 바쁘겠지만 말이다. 경험이 그리 많지 않은 투자자에게 권하는 투자 자세다.

### 승자의 입장에서 맛보게 될 여수산 홍합

채무자와 형제인 효심 깊은 지분권자를 경매 법정에서 만났는데 공유자우선매수청구권에 대해서는 들어서 알고 있었지만, 공유물분할소송에 대해서는 아는 게 없었다. 낙찰자인 최선생에게 최근 들은 이야기다.

"박사님 언제 여수 한번 가시죠!"

"에이, 홍합 먹자고 여수까지 가나요?"

"그게 전부가 아니죠. 소풍 겸 한번 가시자니까 빼시네!"

"아이고, 그럴 시간 없습니다."

"얼마나 맛있는지 가서 먹어 보면 가자고 한 이유를 아시게 될걸요?"

"이 물건, 2017년 11월에 잔금 납부하셨죠?"

"네."

"마무리까지 시간이 얼마나 걸릴 것으로 보세요?"

"1년 정도 생각하고 시작했습니다만, 경우에 따라서는 시간이 좀 더 걸릴 가능성도 있습니다."

"지분권자한테 공유물분할청구 요청 내용증명 보냈다고 하셨죠?"

"보냈습니다."

"저쪽에서 무슨 반응 있었나요? 연락이 오거나?"

"욕 좀 실컷 들었습니다."

"그랬을 것 같아요. 앞에서 말한 분위기로 봐서는요."

"그런데 사실은 그런 분들하고 협상하는 것이 오히려 훨씬 편하고 시원합니다."

"어떻게 될 것 같으세요?"

"박사님이 지금 쓰고 있는 이 원고가 책으로 나오기 전에 마무리될 것 같습니다!"

"지분권자한테 넘기고 나오겠다는 말씀이시죠?"

"그래야죠. 저도 조상 모시고 사는 사람인데요."

"마무리되고 나면 여수 밤바다 한번 데려가주세요. 따라가서 회, 홍합 실컷 먹고 오게요."
"그러려면 2박은 해야 하는 거 아시죠?"
"얼마든지 가능합니다. 대신 주중으로 일정을 잡읍시다."

### 일은 주말에 서울에서 하고, 관광지 구경은 주중에

전국 어디든 주말에 관광지로 가면 차 밀리고, 대접은 대접대로 못 받으면서, 바가지는 바가지대로 쓰고, 서비스 엉망에, 서울에서도 지겨운 사람 구경을 원 없이 해야 한다. 하지만 주중에 관광지에 가면 회값도 더 싸고 그런 꼴도 안 당한다.

"주말에 서울에서 강원도로 가지 마시고, 서울에서 돈 벌다가 주중에 강원도로 가서 놀면 대접받습니다. 그러다가 주말에 서울 지키러 올라와야 대접받고 삽니다."
"남들 일할 때 나는 에너지를 보충하고, 남들 바가지 쓸 때 나는 일하자는 박사님 생각에 102% 동감합니다."
"여수도 주중에 가자는 말씀이시죠?"
"주말에는 텅 빈 서울을 지켜야 합니다. 이제는 세상이 변해서 열심히 일할 필요가 없습니다."
"열심히 하지 말고 잘하면 된다고 저번에 말씀하셨죠."
"양의 문제가 아니고 질의 문제입니다. 주말에 집중해서 조금만 일해도 충분합니다."

　필자의 평생 지론이다. 이 건 마무리되면 최 선생님은 한 건 마무리 기념으로, 필자는 이 책 원고 탈고한 기념으로 시간을 넉넉히 잡아 여수 우두리 관광단지 가서 펜션 방 하나 잡고, 자연산 생선회에 홍합을 곁들여 실컷 한잔하고는, 인근 노래방에 가서 〈여수 밤바다〉나 한 곡 뽑고 와야겠다.

## 04 분할청구가 들어와도 건물 톱질은 잘 안 해준다

### 온갖 하자는 다 붙어 있는 지분물건 [17]

| 소재지 | 경기도 포천시 소흘읍 이동교리 3**-** | | | | |
|---|---|---|---|---|---|
| 경매구분 | 강제경매 | 채권자 | 희망모아유동화전문유한회사 | | |
| 용도 | 전 | 채무/소유자 | 윤**/윤** 외 1 | 매각기일 | 2017.01.09 (22,500,000원) |
| 감정가 | 36,277,500원 (2016.06.28) | 청구액 | 65,324,926원 | 종국결과 | 2017.03.03 배당종결 |
| 최저가 | 17,776,000원 (49%) | 토지면적 | 전체 691㎡ 중 지분 86.4㎡ (26.1평) | 경매개시일 | 2016.06.20 |
| 입찰보증금 | 10% (1,777,600원) | 건물면적 | 0.0㎡(0.0평) | 배당종기일 | 2016.08.31 |
| 주의사항 | · 지분매각 · 법정지상권 · 맹지 · 입찰 외 · 농지취득자격증명 | | | | |

---

[17] 의정부지방법원 201*-**979이고, 주의사항란을 보면 '지분매각·법정지상권·맹지·입찰 외·농지취득자격증명'으로 하자란 하자는 총 동원돼 있다.

### 제목을 두 개로 붙이고 싶은 투자 사례

세종-포천고속도로 소흘 IC에서 차로 5분 정도 거리에 있는 전체 토지 면적 $691m^2$ 중 2/16인 $86.4m^2$ 지분이 경매로 나온 투자 사례다. 이 글의 제목이 '분할청구가 들어와도 건물 톱질은 잘 안 해준다'이지만, 소제목으로는 '하자 천국, 시세의 60% 감정, 상속지분 2/16, 건물 분할 불가, 지분권자 할머니 원맨쇼'라고 하나 더 붙이고 싶다.

### 지분 26평짜리가 하자 백화점

"'지분매각·법정지상권·맹지·입찰 외·농지취득자격증명'까지 하자라는 하자는 다 모여 있네요?"
"다른 것은 처음부터 신경 쓸 일은 아니었고 농지취득자격증명원 제출 부분은 지목은 '전'이지만, 현황은 대지여서 제출할 필요 없다는 의견서를 경매 법원에 제출하고 생략 받아서 문제는 없었습니다."

### 지상의 건물 전부는 미등기 건물이었다

"지상에 미등기 건물이 있었나요?"

"감정평가서에 나와 있는 사진 전부가 미등기 건물이었습니다."

"건물 등기부는 있었나요?"

"토지 등기부만 있었습니다."

"그렇게 되면 지상의 경매 목적물이 아닌 건물(건축물 등)은 등기, 미등기 상관없이 법정지상권 성립 여지 있는 물건이잖아요?"

"맞습니다."

"그런데도 높은 가격에 낙찰된 이유가 있나요?"

우리가 입찰할 때 3명이 응찰했는데, 다른 사람들은 뭘 보고 응찰했는지 몰라도, 우리는 최근에 개통된 세종-포천고속도로 소흘 IC에서 이 물건까지 차로 5분 정도 거리인 것이 입찰 포인트였다. 아마 다른 입찰자들도 비슷한 생각을 하고 입찰에 응하지 않았을까 하는 추측이다.

"지상의 주택과 창고는 미등기 건물이고, 일부 맹지, 지분매각, 농지취득자격증명원 필요 등을 감안하면 높게 낙찰된 것이 아닌가요?"

우리가 입찰 전 임장을 통해 확인한 이 지역 부동산 가격은 계속 오르고 있었고, 이 주변 땅값은 대지는 기본적으로 평당 400~500여만 원선, 이 집 땅 조건이면 평당 300여만 원 정도였다.

"시세보다 싸게 감정가격이 잡혔다는 말씀이시네요."

"주변 부동산 업자들 말로는 이런저런 하자를 이유로 자기들이 판단한 것의 약 60% 선에서 감정가격이 형성된 것 같다고 하네요."

"평당 300만 원으로 시세를 잡았다면 26평이니 당초 경매 감정가격은 약 7,800만 원(=평당 300만 원×26평) 정도로 보면 되겠네요."

"'지분매각·법정지상권·맹지·입찰 외·농지취득자격증명'이라고 경매정보지에도 나와 있는 하자로 보이는 문구들이 감정 가격을 끌어내리지 않았을까 생각합니다."

"경매 감정가격 대비로는 62% 선인 2,250만 원에서 낙찰받았지만, 정상적인 시세 대비 약 29%(2,250만 원(낙찰가격)/ 7,800만 원(정상 시세))로 잡았다고 보자는 말씀이시죠?"

"잘 보셨습니다."


### 지분 '14/16'을 가진 노모의 절규

"안녕하세요. 할머니가 황** 할머니세요?"
"혹시 이 집 땅 경매받은 양반이요?"

방문하기로 약속을 드렸긴 했지만 할머니는 단박에 알아보셨다.

"네, 맞습니다."

대뜸 한마디가 날아든다.

"선상님 경매받은 땅, 나한테 파씨요!"
"저는 저희가 사겠다는 말씀을 드리려고 왔는데요."
"아이고, 선상님 우리 아부지가 물려준 집이요. 그렇게는 나는 못하요. 못해. 죽으믄 죽었째 못 넘기요."

이 물건에서 경매당하지 않은 지분 14/16을 가진 할머니(1943년생)의 절규다.

"선상님이 늙은이 불쌍하게 생각해서 나한테 파시면 복 받을 거시요. 제발 이렇게 부탁드리요."

난감하기 그지없다.

"나는 죽어서만 이 집에서 나갈 수 있소. 죽기 전에는 절대 못 나가요!"

자식뻘 되는 낙찰자에게 갑자기 무릎을 꿇고 눈물을 보이면서 두 손으로 빌며 촌로부의 절규는 계속됐다.

"이 집 뺏기면 바로 죽을라요!"

"…."

"새끼들 잘못 둔 할마이 하나 살려주씨요오."

"…."

"이 집 뺏기면 갈 데가 저승뿐이요. 이승에서는 갈 데가 없소."

이성적이고 정상적인 대화가 당초부터 불가능했다.

"일단 진정하시고 제가 사온 음료수 하나 드시고 천천히 이야기하시죠. 할머니, 일단 일어나세요!"

촌로부를 달래려고 말을 건넸지만, 말이 길어져서 유리할 것 없는 상황이 시작되고 있었다.

"나한테 판다고 하기 전에는 못 일어나요."

"그러지 마시고 일단 일어나세요. 그리고 자식들 있다고 하던데 그리로 가시면 되잖아요?"

"어디로 가라고?"

"자식들 집으로요."

"나한테 새끼들 없소. 없는 지 오래되었소. 그라이 선상님도 다시는 내 앞에서 새끼들 말 마소오!"

음료수 한 병 마시면서 어렵게 진정을 찾아가던 할머니 눈가에 또다시 눈물이 맺혔다. 할머니는 무조건 자기한테 되팔라는 말만 반복하셨다.

"오늘은 이만 가고 다시 연락드릴 테니 잘 생각해보세요."

네 명이나 되는 자식들은 할머니가 가진 지분을 우리한테 팔아서 돈으로 나눠 가지자고 하고, 할머니는 자기 부친한테 받은 재산이라서 당신 눈에 흙 들어가기 전에는 절대 팔 수 없단다.

### 2,250만 원에 낙찰받아 3,500만 원에 할머니한테 팔았다

"결론은 지분 14/16 가진 할머니한테 파셨다는 말씀이시죠?"
"지금 생각하면 차라리 잘했다는 생각입니다."
"이 건도 분할신청했다고 하셨죠?"
"법원이 조정에 회부해서 할머니를 조정장에서 다시 만났습니다."
"혼자 오셨던가요?"
"채무자(=피신청인) 할머니 말고 누가 또 오나요?"
"자식들이 네 명이나 있다고 하셨잖아요?"
"아, 한 명도 오지 않았습니다. 할머니 혼자 나오셨더라고요."
"조정장에서도 힘드셨겠어요."
"내가 조정위원이라고 해도 할머니 말 들어주지 제 말 귀 담아 들어주려고 하나요?"

"선상님 경매받은 땅 나한테 파씨요!"
"아이고, 선상님 우리 아부지가 물려준 집이요!"
"나는 죽으믄 죽었째 못 파요!"
"선상님이 늙은 할마이 불쌍하게 생각해서 나한테 파씨요!"
"그러면 복 받을 거시오!"
"나는 죽어서만 이 집에서 나갈 수 있소!"
"죽기 전에는 이 집에서 절대 못 나가요!"
"나는 이 집 뺏기면 바로 죽을라요!"
"나한테는 자식놈들 없소!"
"이 집 뺏기면 갈 데가 저승뿐이고, 이승에서는 갈 데가 없소!"

의정부지방법원 분할소송 조정장의 조정위원이 두 명 앉아 있는 자리에서도 할머니는 단 한마디도 틀리지 않고 내게 했던 말을 그대로 되풀이하셨다.

"조정위원들도 간단해서 수월했겠네요?"
"우리가 사겠다는 말은 입 밖에 꺼내지도 못했습니다."
"잘 하셨어요. 좋은 일 하셨어요."
"나도 그렇게 생각합니다. 물건이야 많은데요."
"그래도 10개월 만에 3,500만 원에 매각하셨잖아요."

### 이런 주제로는 분할청구가 들어와도 건물은 톱질 안 해준다

대지 지분을 낙찰받았을 때 지상에 주택(건축물)이 있는 경우에 공유물분할신청을 하면 법원은 현물분할하지 않고, 100% 현금분할하는 것이 대원칙이다.

"케이크 한 조각씩 나눠주듯 할 수는 없다는 거네요?"
"누가 신청을 해도 마찬가지입니다."
"누구라니요? 낙찰자 말고 분할신청청구소송 할 사람이 또 누가 있나요?"
"협의 매입이나 상속 등으로 소유권을 취득한 기존의 지분권자도 일부가 경매당하고 나면 등기부에 함께 이름이 올려져 있는 게 싫다고 분할청구소송을 하는 사람도 있습니다."
"그런 사람들도 있군요."
"네."
"그런 경험을 해본 적 있으세요?"
"아니요. 나는 없습니다만 이 책 공저자인 최 선생은 경험한 적 있다고 하더라고요."
"아무튼 누가 신청하든 이런 경우에는 건물을 톱질할 수 없다는 말씀이시죠?"
"원칙적으로 분할청구소송일 때 그렇다는 이야기지, 절대 그렇지 않다고 말하기는 어렵습니다."

### 방향을 틀면 톱질 판결을 받을 수도 있다

"건물을 지분대로 톱질하라는 판결을 받아낼 수도 있다는 말씀이세요?"

지분을 낙찰받아 청구하는 분할청구소송일 때는 현금분할이 원칙이지만, 이 물건처럼 법정지상권 성립 여지 있는 지분경매 물건일 때는 청구 자체를 '분할'이 아닌 '법정지상권 부존재에 따른 건물 철거청구소송'으로 밀고 나가면, 건물 가진 사람이 골치 아파진다.

"모 방송국 저녁 8시 뉴스룸이 생각나네요?"
"무슨 말씀이시죠?"
"지분을 싸게 받아 분할청구소송이 아닌 '법정지상권 부존재에 따른 건물 철거청구소송'으로 진행하라는 말씀을 들으니 그 뉴스 앵커가 '한 걸음 더 들어가 보시죠'라고 했던 멘트가 생각나서요."

경매, NPL, 지분경매 공부를 많이 하면 할수록 수익률은 올라간다. 이 단계에 이르면 이 책이 궁극적으로 추구하는 '경쟁하지 않고 독점하고 싶다!'라는 호언을 경험할 수 있다. 쉬운 말을 어렵게 꼬고 돌려서 말할 일 아니다.

### 왜 안 하셨나요? 그리고 왜 말씀하시나요?

"박사님 책은 이래서 좋습니다."
"또 무슨 말씀이세요?"
"지분을 잡았을 때 분할청구소송도 방법이지만, 경우에 따라서는 법정지상권 부존재에 따른 건물 철거청구소송이 기존의 지분권자를 압박하는 데 더 효과적일 수도 있다는 내용은 우리 입장에서는 상당히 유용한 무기가 될 수 있습니다."
"맞는 말씀입니다. 싸움을 시작할 때 두 번째 화살을 가지고 있다는 것은 전사들에게는 든든한 무기가 됩니다."
"지분경매라면 경매 공부 중에서 나름 레벨이 높은 편인데, 이걸 공부하(려)는 병아리들 수준에서는 부담스러울 수 있는 깊이 있는 내용을 슬쩍 들려주는 식으로 이해시켜주는 것은 박사님 책이 유일한 것 같아요."
"집필 의도를 이해해주시니 즐겁습니다."
"그런데 왜 이 건에서는 그렇게 하지 않으셨나요?"

아무리 낡은 칼이라도 상황과 상대를 봐가면서 휘둘러야 문제가 안 생긴다.

"이 투자 건에서는 할머니를 상대로 건물 철거소송을 제기할 일이 아니었다는 이야기시죠?"
"그럼요. 누가 한다고 해도 말려야 합니다."

"'무기는 준비하고 있되 함부로 휘두르지는 말아라!'로 정리하고 넘어가겠습니다."
"이해 잘 하셨습니다."

### 지료를 근거로 톱질(건물 철거)소송으로 몰고 갈 수도

"그런데 건물 톱질을 신청할 수 있는 근거는 뭔가요?"
"대지 지분에서 발생하는 지료죠."

확보한 대지 지분에서 발생하는 지료가 연체되면, 지료 연체를 사유로 법정지상권 부존재 확인소송을 해당 법원에 제기해 법정지상권 부존재 확인을 받는다. 그런 다음 법정지상권 부존재에 따른 건물 일부 철거소송을 제기해 확정 판결을 받고, 다음을 진행한다.

* 등기된 건물이라면 바로 강제경매.
* 미등기 건물이라면 채권자 대위등기 후 강제경매.

이 두 가지 방법만 알면 완전한 우위를 점한 상태에서 협상 과정을 좌지우지하게 된다.
수익이나 수익률은 맨밥을 먹을 때와는 비교할 일이 아니다.

# 05
## 1,275만 원 낙찰받은 종중 지분 8개월 만에 2배로 매각

**지분 일부가 도시계획시설도로에 물려 있었다** [18]

이 지분물건의 일부가 도로예정부지에 물려 있는 상태였다.

"지분 일부가 도시계획시설도로에 물려 있었다고 하셨죠?"
"약 100평 정도가 예정도로에 물려 있었고, 정확한 것은 나중에 측량해보면 됩니다."
"수용당해 보상받을 것을 염두에 두고 입찰하셨나요?"
"세 가지를 염두에 두고 응찰했습니다."

---

18) 수원지방법원 2016-62**로 지목은 임야이고, 전체 2,419$m^2$ 중 241.9$m^2$로 당초 감정가격은 25,888,300원이었고, 세 번 유찰 후 감정가격 대비 34.3%일 때 2명 응찰로 낙찰가격은 전 회차 가격인(12,683,000원)보다 높은 12,750,000원(49.26%)에 응찰해 최고가매수인이 됐다.

"세 가지라면요?"

수용 보상, 나머지 지분매입 또는 매각을 염두에 두고 도전했다. 다음의 지적도를 보면 경매 대상이던 해당 지분물건이 지번 산 18과 산 18-3 사이로 하얗게 표시돼 점선으로 길게 이어 표시된 예정도로에 사이에 물려 있는 것을 알 수 있다.

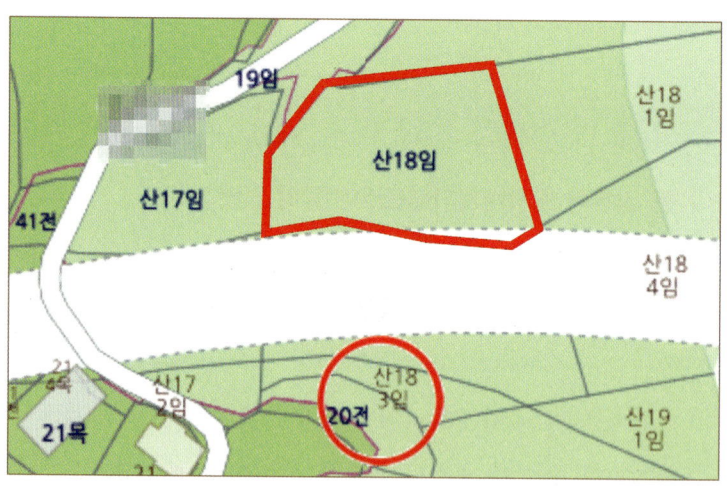

**본번과 부번을 다 살펴봐라**

"예정도로가 산 18번지를 가로질러 가고 있어서 도로가 개설되고 나면 이 땅은 쪼개지게 되나요?"
"지적도상에서는 이미 쪼개져 있습니다."
"묘들은 어디에 있나요?"

지적도상 ○로 표시된 위쪽에 위치해 있어 도로가 개설된다도 해도 이장해야 할 문제는 없는 상태다.

"앞쪽 남쪽으로 도로가 개설되고 나면 탁 트여 한층 더 좋아지겠네요!"
"조용한 거 좋아하시는 조상님들은 시끄러워졌다고 투덜거릴 수도 있습니다."

지분 투자에서 중요한 체크 포인트 중 하나가 필지가 분필된 경우에는 본래 본번(모 지번=일명 엄마 지번)과 함께 분리된 부번(일명 아들 지번)의 등기부도 모두 살펴봐야 한다.

"그렇게 하지 않는 분들이 많은 것 같습니다."

습관적으로 그렇게 해야 한다.

"이유가 있나요?"

부번까지 살펴보고 그 인근의 땅 등기부까지 발급받아 확인하면, 그 땅을 둘러싼 군상들의 움직임이나 입장을 파악할 수 있게 된다.

"그 땅의 상황을 읽을 수 있다는 말씀이시죠?"

"적을 미리 알아놓는 거죠. 그렇게 하면 이 물건처럼 낙찰받아 분할청구소송을 했는데 다른 소송이 물려 있어 분할청구소송이 기각당하는 일은 피할 수 있을 수 있고, 그럴 가능성 여부도 미리 예측할 수 있습니다."

이 경우라면 최소한 산 17번지 본번과 부번, 그리고 위쪽과 오른쪽 각 필지의 등기부등본을 확인해야 한다.

### 분할청구소송이 기각되고 말았다

지분을 낙찰받고 나서 문중을 상대로 공유물분할청구소송을 제기했지만 기각당했다.

"다른 소송이 이미 진행 중에 있어서 낙찰받고 지분권자(이 경우 문중)를 상대로 제기한 공유물분할청구소송이 기각당했다는 거죠?"
"그렇습니다."
"낙찰받을 때 소송 진행 중인 사실을 모르셨나요?"
"알 수 없었죠!"
"임장이나 입찰 전에 알 수 있는 방법이 없나요?"

기를 쓰고 알아내려고 무리하면 알 수도 있겠지만, 소유권

분쟁이나 저당권 무효청구소송 등 등기부에 기재되는 소송이 아닌 경우에는 입찰 전에 알기 어렵다.

"낙찰받은 땅 일부가 종중 땅에 겹쳐져 있었다고 하는데 처음에는 몰랐습니다."
"시골 임야는 그런 문제가 종종 발생하더라고요."
"그러게요!"
"낙찰받기 전에 알 수 있는 방법이 없을까요?"
"그 땅의 내력을 아는 당사자를 만나면 혹시 모를까… 우리 같은 투자자들이 사전에 100% 내용 파악하고 입찰한다는 것은 불가능합니다."
"그렇다면 무슨 이유로 소송이 진행되고 있었나요?"
"정확하게는 몰라도 상속 지분 문제로 다툼이 있다고만 들었습니다."
"후손들끼리 자기한테 땅 좀 더 달라는 그런 소송인가요?"
"문중 재산 나눠 가질 때 흔히 일어나는 소송입니다."
"들은 이야기지만 문중 재산을 나눌 때 다른 피가 섞이면 합의로는 거의 불가능하다고 들었습니다."

지하에 누워 있는 조상님들이 보면 기가 막힐 일이다.

**잘 관리되고 있는 분묘는 후손이 번성하다는 증거**

묘지 관리 상태를 보면 낙찰 후 해결방법이 대강 보인다.

"어떻게 알 수 있나요?"
"사진처럼 관리되고 있은 묘지라면 복잡하지 않습니다. 그리고 우리네 정서상 조상님 묘지 가지고 서로 야박하게 따지지 않습니다."
"듣고 보니 이해가 가네요."

관리가 제대로 안 되고 있는 무연고 묘지를 낙찰받으면 이장해야 하는 수고가 있을 수 있고, 마무리까지 시간이 오래 걸릴 가능성이 높다.

　인접해서 찍은 분묘의 측면 사진으로 깨끗하게 잘 관리되고 있는 분묘 6~7기가 보인다. 가을 낙엽을 보니 여름에는 시원했을 것이고, 봄, 겨울에는 따뜻할 양지바른 땅이다.

"이런 묘지는 풍수를 모르는 사람이 봐도 예쁘네요!"
"예쁘게 보이시죠?"
"나도 나중에 이런 곳에 묻히고 싶고, 후손들에게 이런 대접 받고 싶습니다."
"그러시려면 지금부터라도 잘 사셔야겠네요?"
"약간 떨어져 있는 왼쪽 위쪽으로 사진 11시 쪽을 보면, 또 다른 묘지가 있는 것을 볼 수 있네요!"

사진의 아래쪽으로 나중에 묘를 더 쓰려고 묘지를 조성해놓은 것도 보인다. 문중 산소라는 증거다.

### 분할청구소송은 기각됐지만 종중에서 연락이 왔다

분할청구소송을 제기하자 수원법원 재판부가 채무자(기존 지분권자 종중)에게 소송이 제기된 사실을 알리는 송달을 보냈다.

"이런 경우 당사자들끼리는 협상이 안 되다가도 법원에 소송이 제기되면 합의가 되는 경우도 있다고 합니다. 그런가요?"
"맞습니다. 제3자인 법원의 역할을 무시하기 어려우니까요."
"송달받은 종중 대표한테서 연락이 왔다면서요?"
"네. 자기들에게 매각하면 어떻겠냐는 취지였습니다."
"형제, 후손들끼리는 다투면서도 매입의사는 있다는 거네요."
"조상을 바라보는 시각이나 사는 형편에 따라서 이야기가 달라지지 않나요? 그리고 며느리든, 사위든 성이 다른 지분권자가 개입하면 문제가 복잡해지지만, 먹고살 만한 나이든 문중 어른들은 조상이 물려준 종중 묘가 있는 땅이 그것도 경매로 남에게 넘어가는 것을 참고 보기 어려운 것이 우리네 정서 아닌가요?"
"냉정하게 말해 분묘 있는 임야 지분물건을 파고드는 경매쟁이는 그것을 노리는 거겠죠."

"맞습니다. 맞는 이야기를 굳이 돌려 하지 않겠습니다."

### 전 차수(=전 회차)를 넘긴 것은 고가 입찰이 아닌가

"2명 응찰에 2등하고 가격 차이가 340만 원이나 차이가 나네요?"

"맞습니다. 잡으려고 야무지게 썼습니다."

"같은 말 또 하지만 세상에서 가장 쉬운 일 중 하나가 '고가 입찰=당연 낙찰' 아닌가요? 그리고 이것은 경매 원칙을 훼손하는 거고요."

"같은 대답을 또 하게 하시네요. 그렇지 않다니까요!"

돈과 관련해서 자기 성벽을 높게 쌓고 있는 경매 병아리를 설득시킨다는 것은 노력한다고 쉬운 일이 아니다. 유쾌한 일도 못 된다. 설득하는 데 열과 성을 다할수록 불신(?)의 장벽은 오히려 높아만 간다.

"더 할 말 없습니다."

"급하시나 보네요. 삼십육계 줄행랑치시네."

이럴 때 가장 효과적인 방법은 이해시키려는 작업을 그만둬

버리는 것이다. 병아리 자신이 고가(?) 입찰해서 투자한 것도 아닌데 혈압 올려가면서 말 많이 하고 친절하게 설명 길게 해봐야 득 될 거 별로 없다. 장벽을 넘어가지 못한 손해는 장벽을 넘어가지 못한 자에게 돌아간다. 경험에서 나온 이야기로 경험해볼수록 그렇다.

### 우리 독자들은 어떤 쪽에 줄을 서 실까요?

이 물건에서 실제로 2등이 9,370,000원 쓰고 떨어졌고, 우리는 그보다 340여만 원 더 쓴 12,750,000원을 써서 낙찰받았다. 그리고 잔금 납부로 소유권 취득 후 문중에 매각한 가격은 2,500만 원이고, 매각까지는 8개월 걸렸다. 결과는 미래에서 발생하고, 투자 여부는 현재에서 결정해야 한다. 이해하기 쉽지 않을 수 있는 이야기를 쉽게 하고 있는지 모르겠다.

### 채무자 종중이 매입하기로 하고 협상으로 마무리

당초 매입 전략 중 하나였던 기존 지분권자인 문중에게 낙찰받은 지분을 넘기는 것으로 마무리했다.

"속 편하고 깔끔한 출구전략입니다."

"문중에서 되살 거라는 것을 어떻게 알 수 있나요?"

의외로 어렵지 않다.

"임장 가서 묘지 관리되고 있는 거 보면 후손들 살림살이나 후손들끼리의 사이가 보입니다."
"말 되네요!"

단기매각에 따른 양도소득세는 종중이 내주기로 하고, 1,275만 원의 딱 2배인 2,500만 원에 매각했다.

"시간은요?"

앞서 말씀드린 것처럼 소유권 취득에서 매각까지 딱 8개월 걸렸다.

# 06
## 아프리카 세렝게티 국립공원 사자들의 물소 사냥법

**아프리카 세렝케티 국립공원 사자들의 물소 사냥법** [19]

"박사님은 TV 자주 보세요?"

"그럼요. 얼마나 좋아하는데요. 집에 가서 샤워하고 소파에 비스듬히 자리 잡으면 어느 사이에 TV 리모컨이 내 손에 찰싹 붙어 있습니다!"

"안 보실 줄 알았는데요."

"왜 그렇게 생각하세요?"

"정신없이 바쁘다고 하시던데요?"

"정신 있게 바쁩니다."

---

19) 춘천지방법원 2017-136**, 강원도 홍천군 북방면에 있는 홍천강 **랜드 펜션단지 입구 도로의 지분물건이다. 전체 면적 572$m^2$ 경매 목적물은 59.4$m^2$(18평)으로 당초 감정가격은 3,802,880원이었다.

"좋아하는 장르가 있으세요?"
"편식이 심합니다."
"무슨 프로그램을 자주 보세요?"
"일단 JTBC 8시 뉴스, 이어서 KBS 9시 뉴스, 그러고는 여행 채널, 내셔널지오그래픽, 메이저리그 야구, 그리고 가끔 재즈 음악 프로그램 정도입니다."
"그래도 할 건 다 하시네요!"

### 덩치가 큰 물소라도 급소를 공격당하면 버틸 방법이 없다

아프리카 사자 수놈은 물소를 사냥할 때 아래 목을 물고, 암놈은 물소의 입을 물어 질식시킨다. 아프리카 사자들이 자기보다 몸집이 훨씬 큰 아프리카 물소를 사냥하는 기술이다.

"공격하는 사자보다 덩치가 큰 물소라도 급소를 공격당하면 버틸 방법이 없습니다."
"물소만 그런 게 아니라, 경매 투자도 마찬가지라는 말씀이시죠? 지적도를 보면 지분으로 낙찰받은 노일리 42*-5번지가 그 뒤로 개발이 한창 진행 중인 홍천강 **랜드로 통하는 유일한 진입도로 같은데요?"
"지분경매 실력을 발휘할 기회를 한 번 잡았습니다."
"그렇게까지 생각하시나요?"

"지분 18평에 불과하고 감정가격이 380여만 원인데, 입찰가격이 430여만 원으로 작다고 얕잡아 볼 일이 아닙니다."
"홍천강 **랜드는 급하게 생겼네요?"
"기를 쓰고 사자들의 협공을 피할 방어책을 강구하겠죠!"
"어떻게 나올까요?"

뒤쪽의 펜션 개발사업 전체의 운명이 걸릴 수도 있어 손 놓고 방관만 하고 있지는 않을 것이다.

"내가 홍천강 **랜드 시행 사업 관계자라면 상황이 더 진행되기 전에 마무리하는 것이 현명하다고 봅니다."
"무슨 방법이 있을까요?"
"경매 넣은 지분권자가 형식적 경매에서 입찰해서 낙찰받아 버리면 홍천강 **랜드는 정말 큰일만 남게 됩니다."
"박사님이 이 책 전체를 통해 전달하고자 하는 메시지 중 하나란 말씀이시죠?"
"어설프게 대응하다가는 삽으로도 못 막을 일이 벌어질 수 있습니다."
"경우에 따라서는 닭 잡을 때 소 잡는 칼을 써야 하는 경우도 있다고 생각합니다."
"그럼요. 일 키워 좋을 일 하나 없는 상황입니다."
"상대도 고수라면 적당히 대응하고 나오겠죠."
"피차 사는 길입니다."

기본에서 무너지면 전체가 넘어가는 것은 시간문제다.

### 펜션단지 진입도로와 같은 여러 필지 일부 지분 [20]

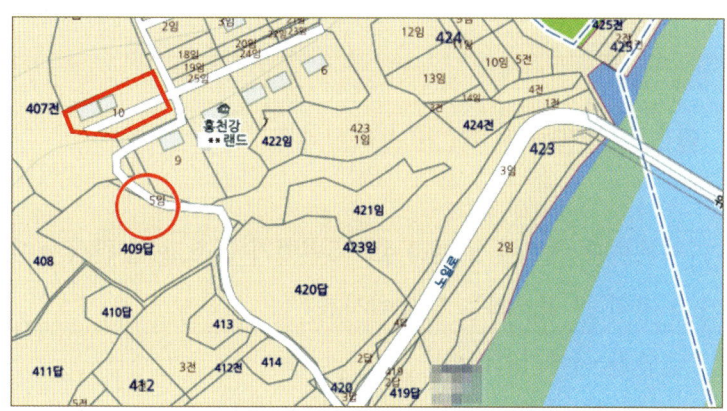

"지적도를 보니 주 도로인 노일로에서 홍천강 **랜드 펜션 단지로 통하는 유일한 도로가 ○로 표시된 노일리 42*-5번지뿐이다. 만약 여기가 막힌다면 현재 일부가 개발 중이고, 계속해서 펜션 개발이 예정돼 있는 홍천강 **랜드 단지 전체가 맹지가 되고 만다.

역사적으로든, 주변에서든 전쟁이나 싸움에서 크기나 숫자

---

20) 여러 필지의 토지 중 일부만 공유지분매각일 경우에 '일부 지번의 공유자는 특별한 사정이 없는 한 매각대상 부동산 전체에 대해 공유자우선매수권을 행사할 수 없다'라는 것이 대법원판례다(2005마1078호 참고).

가 승패를 좌우하지 않는 경우도 흔하다. 잘못 대응하다가는 자신보다 덩치 작은 사자에게 목덜미와 입을 물려 질식사 당해 밥이 되고 마는 아프리카 물소 신세가 될 수도 있다.

  430여만 원에 낙찰받은 지분 투자자는 이 점을 이미 계산에 넣고 응찰했던 것이다.

### 급소를 공격당하면 거인도 쓰러질 수 있다

"지분으로 확보한 노일리 42*-5번지가 급소고, 홍천강 **랜드가 덩치 큰 물소라는 말씀이시죠?"
"간단한 이야기입니다."
"지적도를 봐도 목줄처럼 보일 겁니다. 여기가 막히면 홍천강 **랜드 개발사업 부지 전체가 맹지가 되고, 그러면 더는 통행할 방법이 없어질 수도 있습니다."
"지적도를 보니 이해가 됩니다!"

  급소를 공격당한 물소 꼴이 되고 만다. 현재 완성된 펜션은 총 10여 채가 영업을 하고 있고, 향후 20여 채가 더 지어질 예정이며, 영업상황에 따라서는 뒤쪽으로도 계속 개발될 예정이다.

"개발업자 입장에서는 이 진입로를 안정적으로 확보하지 않은 상태에서 계속 개발사업을 진행하기에는 불안한 것이 사실입니다."

"목덜미를 물려서 사자의 요구에 응하게 된다는 말씀이시죠?"

개발업자 입장에서는 다른 방법이 없다.

### 호미로 막을 것을 나중에는 가래로도 못 막는 일이 생긴다

"뒤쪽 단지까지 염두에 두고 개발사업을 하고 있는 시행자 입장에서는 진입도로를 낙찰받은 사람의 요구 금액이 크다고 판단하지 않을까요?"
"욕심이 사람과 사업을 망치게 하는 수가 있습니다."

서로 불필요한 감정싸움을 하면 일이 커질 수도 있다는 이야기다.

"개발업자 입장에서는 430여만 원에 지분물건을 낙찰받고 얼마 안 돼 5,000여만 원을 달라고 하면 기분 나쁠 수도 있을 것 같아서요."

"언뜻 보면 그렇게 생각할 수도 있지만, 사업하는 사람은 그렇게 생각하면 안 됩니다."

냉정한 판단을 해야 하는 상황이다. 서로 불필요하게 감정을 자극하는 일이 발생하면 일이 커지게 되고, 시간이 경과할수록 불리한 입장은 급소를 잡혀 공격당하는 쪽이다.

"개발업자가 절대 불리한 국면으로 보입니다."
"나라면 통 크게 양보하고 초반에 마무리합니다."
"궁금한 게 하나 있습니다."
"말씀해보세요!"
"이 물건 낙찰자가 박사님 강좌 수강생이라고 하셨죠?"
"맞습니다!"
"교육을 언제 받았나요?"

이 물건을 낙찰받은 시점에서 따져 보면 수강한 것이 약 2년 전입니다.
"2년여 만에 이런 물건에 도전했다는 말씀이세요?"
"그러면 안 되나요? 이상한가요?"
"아니요. 이상하지는 않는데 신기해서요!"
"처음 시작하는 분들 입장에서는 그렇게 생각될 수도 있습니다."
"그럼 우리도 제대로 교육받고 철저히 준비하면 얼마든지 가능하다고 믿어도 되겠죠!"
"그럼요. 물론입니다."

### 소액 투자에서 희망의 실마리를 발견하라

독자 여러분이 소액으로 특수물건이라는 지분물건 투자가 가능하다는 희망의 실마리를 발견했다면 그것으로 이 책은 역할을 충분히 했고, 필자는 밥값을 했다.

"궁금한 게 하나 더 있습니다."
"말씀해보세요!"
"낙찰자는 이 물건을 어떻게 알게 됐을까요?"
"어떻게 알게 됐냐는 게 무슨 말씀이세요?"
"그러니까 '이 물건을 처음에 어떻게 발견하게 됐냐?' 이 말입니다."
"어떻게 알다니요? 경매정보지를 보고 물건을 검색하다가 발견해서 임장하고, 입찰해서 낙찰받아 잔금 납부하고는 여기까지 끌고 오고 있는 중이죠. 달리 뭐가 더 있나요?"
"사전에 누군가에게 이 물건에 관한 정보나 소개를 받은 적 없이 오로지 혼자 검색하고 임장해서 입찰가격 정하고 낙찰받아 잔금 납부해서 현재까지 혼자 힘으로 진행하고 있다는 말씀이시죠?"
"거듭 말씀드리지만 희망을 보시면 됩니다."
"들을수록 대단하다는 말밖에 안 나오네요."
"하나만 더 말씀해드릴까요?"
"제가 아직 안 물어본 게 있나요?"

"이 물건 낙찰자가 1년 사이에 도로지분 낙찰받은 개수가 10여 개라고 합니다."
"진짜요?"

필자가 사실이 아닌 이야기를 할 일 없다. 이 책 원고 집필을 위해 낙찰자를 만났을 때 그의 자신감이 필자를 행복하게 만들어줬다.

### 박사님 식사대접 한 번 할게요

필자가 진행하는 경매 NPL 지분 주말반 수업을 듣는 분들은 퇴직 후를 염두에 두고 이런저런 고민을 하는 분들이 많다. 이제 50세를 겨우 넘었을 뿐인데, 유행가 가사는 100세 시대란다. 되돌아보면 영화 〈국제시장〉의 주인공 황정민의 독백처럼 분명히 열심히 살아남은 잘못(?)뿐인 것 같은데, 앞으로 남은 인생 40~50년을 생각하면 아찔하다는 분들이 많다. 이런 분들에게 필자가 늘 드리는 당부가 하나 있다.

나중에 퇴직 등으로 일상에 변화가 생겨도 어설프게 창업 등을 하시면 곤란하다고. 친한 분들과 조그마한 사무실 하나도 쉽게 차리시면 안 된다고. 고정 수입이 없는 상태에서 매달 소액이라도 얼마씩 지출하는 것은 호환마마만큼이나 무섭다고. 그런 분들에게는 우리 강의장에 와서 인터넷도 사용하고,

책상도 사용하고, 비록 스틱 커피지만 편하게 드시라고 권한다. 이유는 간단하다. 월급 잘 나오고 '**회사' 하면 누구라도 금방 알 수 있는 회사에서 깨끗한 정장 입고 목에 힘주며 조직과 회사가 채워주던 완장의 힘으로 갑의 입장에서 살던 정규군 시절과 모든 것을 혼자 판단하고 결정해야 하는 비정규군일 때 바라보게 되는 대한민국 사회는 달라도 너무 다르기 때문이다. 급하고 초조한 마음에 어설프게 뭘 시작했다가는 목마르다고 바닷물 들이마시는 것과 별반 다르지 않다는 것을 금방 알게 될 것이다.

"이 물건을 낙찰받은 수강생에게도 그렇게 했다는 거죠?"
"네, 그런데 이 수강생은 처음에는 저를 좀 기분 나쁘게 했습니다."
"무슨 말씀이세요? 어떻게요?"

### 전용 교재가 두껍다고 분철해서 수업을 듣던 수강생

"저는 주말반 기수 때마다 전용 교재를 제작해서 그걸로 수업을 하거든요. 그런데 이 친구는 그 교재가 두껍다고 분철을 해서 일부만 가지고 오는 거예요."
"박사님, 은근히 까칠하신 면이 있네요. 그럴 수도 있지, 그런 걸로 기분까지 나쁘다고 할 일은 아닌데요?"

"공부를 시키는 입장에서는 책 분철하는 거 예쁘게 보기는 어렵습니다."
"그래서요?"
"나중에 그 이유를 알게 됐죠."

필자의 제안대로 그 수강생은 종강 후에도 사무실을 무료로 이용하면서 경비를 아끼고, 공부를 계속했다.

"그러다가 감사할 일이 생겼습니다."
"한 건 마무리했다고 밥이라도 한번 사러 왔나요?"
"네, 첫 건을 매각해서 잔금 받았다고, 감사하다면서 정말 밥 사러 왔습니다."
"즐거우셨겠네요."
"그럼요. 그런 맛에 세상 사는 거죠."

밥 한 그릇이 사람을 이렇게 행복하게 할 수 있다는 것을 잊지 않는다. 필자 사무실이 있는 서울 지하철 2호선 강변역 강변테크노마트 9층에 있는 갈비탕집에 가서 갈비탕 한 그릇을 잘 얻어먹었다.

### 양동 작전을 전개 중이란다

"현재는 어떤 상황인가요?"

"지분권자를 상대로 분할청구소송을 제기해서 소송이 진행 중이라고 합니다."

담당판사는 상식적인 가격 선에서 상호 협의를 통해 원만히 해결할 것을 권하고 있는 중이란다.

"이 물건 낙찰자의 진짜 목표는 뭔가요?"

"진심은 노일리 42*-5번지 전체 소유권을 취득해서 홍천강 **랜드에 연간 단위로 통행료를 받는 것이라고 합니다."

"협상이 어려울 수도 있겠네요?"

"낙찰자 입장에서는 이런 꽃놀이패 신선놀음이 따로 없죠."

"뒤쪽 개발업자에게 매각을 해도 좋고, 목표대로 지료를 받아도 좋다로 이해하면 되겠네요?"

자신의 힘과 노력으로 어려운 상황을 이겨낸 사람들의 성공 이야기는 언제 들어도 우리를 행복하게 해준다. 이 책을 통해 본격적인 지분경매 공부를 시작하고, 많은 분들이 비슷한 성공 이야기의 주인공이 되면 참 좋겠다.

Part 03

# 지분물건, 분할협의, 분할소송, 마무리

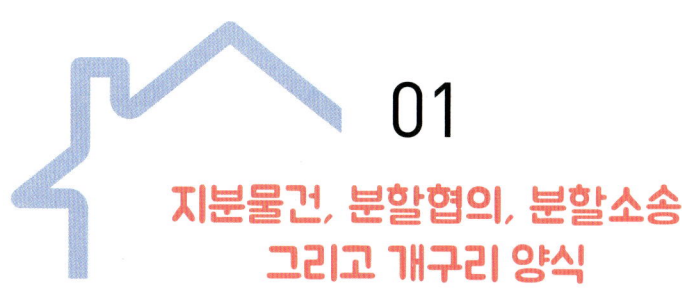

# 01 지분물건, 분할협의, 분할소송 그리고 개구리 양식

**현실적으로 논은 밭이나 임야 등에 비해 개발이 어렵다** [21]

---

21) 서산지원 2017-507**번으로, 지목은 답(畓=논)이고, 전체 1,775$m^2$ 중 지분 1/3에 해당하는 591.7$m^2$(197평)이 당초 감정가격 23,075,130원이었고, 단독 응찰로 낙찰가격은 1,250만 원이었다.

"신 선생님, 아무리 봐도 천수답이네요."
"잘 보셨습니다."
"왜 낙찰받으셨냐고 야단하고 싶어서 드리는 질문입니다!"

개발가능성 측면에서 볼 때 잡종지, 묘지, 임야를 포함한 농업용 부동산(지목이 전, 답, 과수원, 목장용지 등) 중에서 현실적으로 답(=논)이 가장 낮다고 평가된다.

### 논은 농지취득자격증명원을 피해 가기 어렵다

논은 대체로 절대 농지인 경우가 많기 때문에 농지취득자격증명원을 피해 가기 어렵다.

"병아리들 중에는 농지취득자격증명원을 발급받는 것에 공포감을 가지는 분들이 많은 것 같아요!"
"그럴 수밖에요. 낙찰받고 일주일 안에 해당 시·군·구·읍·면사무소에서 발급받아 경매 법원에 제출하지 못하면 입찰보증금을 몰수한다는 규정이 무섭지 않을 사람이 어디 있나요?"
"그런 문구를 보시면 흥미진진하고 조마조마하시죠?"
"그렇다니까요. 신청했는데 발급 자격이 되지 않아서 혹시라도 거부당하면 보증금을 날리는데요! 하지만 농취증 받는 거 사실 그리 어렵지 않습니다."

"어렵지 않다고요? 까다롭다고 하던데요?"

"그렇지 않습니다. 특별한 경우[22]만 아니면 발급해주지 않을 이유가 없습니다."

"그게 가능한가요?"

"세련된 접근 방법을 구사하면 됩니다."

"접근 방법의 세련화라… 그런 방법이 있나요?"

### 농지취득자격증명원 발급받는 필살기

"농지취득자격증명원을 발급받는 필살기가 있다는 말씀이시네요?"

"사람이 하는 일인데 안 될 게 뭐가 있나요?"

"뜸 그만 들이고 공개 부탁합니다."

"농지취득자격증명원을 신청할 때 내는 서류가 뭔지 아세요?"

"영농계획서 아닌가요?"

"잘 아시네요. 영농계획서라는 것은 말 그대로 농지를 매입해서 향후에 어떤 영농(농사)을 어떻게 하겠다는 미래 계획서잖아요."

"아하, 그렇군요!"

---

[22] 낙찰 주체가 상업법인(영농법인은 제외)이 아니면 발급 주체는 발급을 거부할 수 없다.

미래에 어떤 농사를 짓겠다는 영농계획서를 제출하면 지자체 담당이 발급 못한다고 버틸 재간도, 이유도 없다.

"영농계획서와 달리 향후에 실태를 조사해서 기재 내용과 다르거나 농사를 안 짓고 있으면 과태료나 매각처분도 명령할 수 있다고 들었는데요?"
"농사지으면 되잖아요?"
"투자 목적으로 농지를 구입한 도시 사람들에게 그게 쉬운 이야긴가요? 시간도 없고, 농사 재주도 없고, 영농장비도 비싼데요."
"너무 징징거리시네요."
"징징거리는 것이 아니고 과태료 두들겨 맞고 억지로 매각처분해야 할지도 몰라서요."
"왜 꼭 그렇게만 생각하시는지 궁금합니다. 경험이 없는 분들 입장에서는 그렇게 말씀하시는 거 이해가 되기도 하지만요."

### 구체적인 영농계획서 내용을 보자

"영농계획서대로 농사지으면 문제없다는 것은 아시죠?"
"그게 그리 쉽지 않아서 하는 말입니다."
"그래서 영농계획서를 잘 쓰면 됩니다."
"어떻게 쓰는 것이 잘 쓰는 건가요?"

작물 내역에 다년생 작물을 농사짓겠다고 하면 된다.

"구체적으로 말씀해주세요!"
"밭이라면 부추, 잔디, 도라지, 논이라면 미나리, 연근 같은 다년생 작물은 한 번 심어(파종) 놓으면 그 땅을 팔아넘길 때까지 한번 안 가봐도 될 놈들이 수두룩합니다."
"와, 정말 멋지네요. 농취증 생각만 하면 가슴이 답답했는데 그동안 묵은 체증이 싹 내려가는 것 같습니다. 밭에는 잔디 심고, 논에는 미나리 심겠다는 발급안을 안 해줄 이유가 정말 없겠네요."
"한 수 알려드렸으니 500원 내세요!"
"정말 오늘 점심은 제가 사겠습니다."

이 내용은 농지취득자격증명원이 발급되지 않으면 어쩌느냐며 수다스럽게 염려하고 문의해온 주변분에게 필자가 실제로 알려드린 한 수였다. 지목이 과수원이라면 선택의 폭은 훨씬 다양해진다.

**사진과 지적도를 보면 산이 시작되는 곳이다**

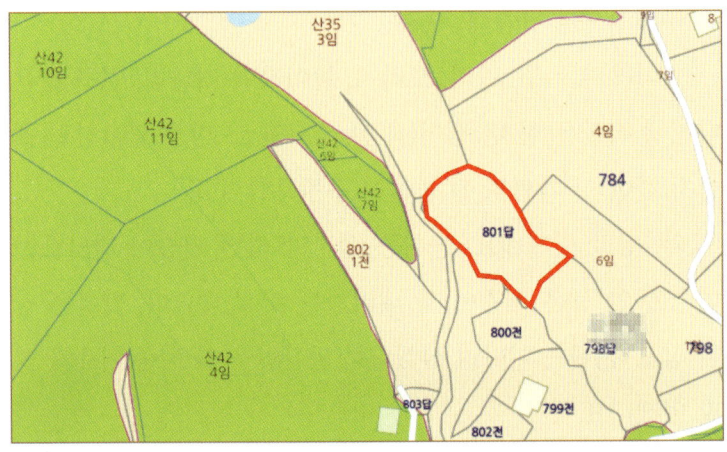

이 물건의 사진과 지적도를 보면 산이 시작되는 곳에 있고, 위쪽 산에서 계곡물이 흘러드는 물길에 위치하고 있어, 논농사 말고는 다른 용도로 개발할 여지가 보이지 않는 땅이다.

"그래서 낙찰받았습니다."
"그런 논을 뭐 하시려고요?"
"나중에 은퇴하면 미꾸라지 키워 보려고요."
"미꾸라지를 양식하신다고요?"
"네, 미꾸라지나 개구리 양식도 6차 산업의 아이템 중 하나라고 하잖아요!"
"진짜로 해보시려고요?"
"못할 것 없죠. 박사님은 혹시나 제가 이 물건도 오로지 투자 목적만으로 받았다고 생각해서 저를 야단치려고 하셨죠?"

"사진을 보니 가을에 찍은 사진인데 아직도 물이 남아 있는 것을 보니 미꾸라지 키우기에는 딱이라는 생각도 드네요."

"사진을 보고 반했는데 가서 보니 정말 더 딱이더라니까요."

당당한 노후를 염두에 두고 미리 논 하나 장만한 사례다. 중장비 동원해서 웅덩이를 만들어 미꾸라지나 개구리 양식을 경험해보고 싶어서 적당한 물건(산 아래 접해 있어 위쪽에 흘러드는 물에 오·폐수나 농약 등 오염 물질이 흘러들 염려가 없는 물건)을 찾다가 마침내 하나 찾아낸 물건으로 나름대로는 테마가 있는 입찰을 했단다.

### 뒤집어 살펴보니 전혀 다른 길이 있었다

"듣고 보니 제가 무안해지네요."
"그러실 것까지는 아니고요. 처음에 낙찰받고 나서 공유지분 투자팀 멤버들한테도 야단 들었습니다!"
"저하고 똑같은 야단들을 하셨나 보죠?"
"아시잖아요. 우리는 낙찰받으면 물건에 대해서 전체 멤버들에게 설명을 하고, 향후 계획 등을 질문 응답을 통해서 서로의 궁금증을 해소도 하고, 공감대도 넓히는 시간을 갖는 거요."
"최 선생님께 들어서 알고 있습니다."

"설명하고 나서 야단 들었다니까요?"

"잘하셨는데 무슨 야단을 들으셨나요?"

"의리 없이 혼자만 경매 판을 탈출하려는 꿍꿍이를 세웠다고요."

"얼마든지 환영할 탈출 계획이고, 저는 적극 지지합니다."

"그래서 원하는 사람은 합류시켜주기로 했습니다."

"개구리 양식 사업이 돈이 될까요?"

"저는 개구리, 미꾸라지 양식해서 돈 벌 생각은 없고요. 거기다가 농막이나 하나 짓고, 찾아오는 사람들과 여름밤 농막 평상에 누워 개구리 울음소리를 밤새 들으며, 주먹만 한 수천의 별들이 머리 위로 떨어지는 것을 보며 인생을 익혀가고 싶습니다."

"누군들 그런 바람들이 없을까요?"

"박사님 개구리 잡수실 줄 아세요?"

"개구리는 아무것도 아닙니다. 어릴 적에 여름 보리밭에서 뱀도 여러 마리 잡아 구워 먹으며 컸습니다."

"잘됐네요. 오시면 개구리 원 없이 잡아서 구워 먹고 삶아 드리겠습니다!"

"요즘 야생 개구리 잡아먹다 잘못 걸리면 한 마리당 30만 원까지 과태료를 물어야 한다고 하더라고요!"

### 낙찰로 소유권 취득 후 현재는 분할소송이 진행 중

"이 건도 분할소송 진행 중이라고 하셨죠?"
"지분권자 두 명에게 송달은 된 상태입니다."
"이 건은 정말 분할하시려고요?"
"현재 간 보기 하고 있는 중입니다."
"그러지 마시고 전체가 540평 정도 되니 가격만 맞으면 사버리셔도 좋을 것 같은데요."
"그럴 계획도 있습니다만, 먼저 이쪽 생각을 너무 알려주면 협상에 별로 유리하지 않아서 일단은 분할소송 쪽으로 진행하고 있습니다."
"협의는 잘되고 있나요?"
"아직은 서로 각자 입장만 이야기하고 있지만, 크게 나쁘지는 않습니다. 저쪽에서도 가격만 맞으면 매각할 의사가 있다고 합니다."
"이런 경우는 지분권자의 수가 작은 것이 쉬울 것 같아요."
"맞습니다. 노모와 둘째 딸이 각각 1/3씩 가지고 있고, 본격적으로 분할소송이 시작되면 협상으로 마무리될 것 같습니다."
"지분권자 쪽에서는 경매 감정가격으로 사라고 할 것이고, 우리는 낙찰가격(감정가격 대비 55% 선) 수준에서 매각하라고 하겠네요?"

실제 이런 경우 분할소송이 제기되면 법원은 바로 분할을 결정하지 않고, 양자에게 조정을 권하는 것이 일반적이다. 조정에 들어가면 판사나 조정위원들은 감정가격(28,075,130원)과 낙찰가격(12,500,000원) 사이의 가격(대략 2,030만 원)을 기준으로 제시한다.

"나머지 지분인 2/3를 협의로 매입한다면 약 4,060만 원 정도로 예상하면 되나요?"

"4,000만 원에서 4,100만 원이 협상가격이 될 듯합니다."

전체로 보면 5,300만 원 정도가 최종 매입가격이 될 가능성이 높다.

### 초보 투자자가 시작하기 좋은 지분물건의 조건

지분물건을 고르는 기본적인 기준이라고 필자가 생각하는 조건들이다.

① 투자금액이 적을수록,
② 지분권자 수는 적을수록,
③ 지분권자 나이는 고령일수록,
④ 채권자 수는 많을수록,
⑤ 지분권자들의 재산 상태는 부자일수록,
⑥ 등기부상 채권액은 많을수록, 출구전략을 세우기 유리하다.

## 여섯 가지 기준이 유리한 이유를 모두 말하지는 않겠다

"여섯 가지 기준에 대해 설명 좀 해주실 수 있으세요?"
"상세히 설명해드리면 재미없잖아요."
"공부를 재미로만 하시나요?"
"그리 어렵지 않아서 조금만 생각해보시면 금방 알 수 있는 이야기들입니다."
"그러시면 두 가지만 설명해주세요. 왜 유리한지를요!"
"은근히 끈질기시네요!"
"고수의 한마디는 우리에게는 피와 살이 됩니다."

지분권자 수가 적을수록 유리한 점은 송달 문제 때문이다. 낙찰 후 분할소송 등을 제기하면 당면하게 되는 필수 절차인 송달이 원만하게 이뤄지지 않으면 의외로 시간이 걸리는 경우가 발생한다.

지분권자들의 재산 상태는 부자일수록 유리한 점은 다음과 같다. 예를 들어 상속된 지분인 문중의 묘지 등은 낙찰 후 분할소송 등을 제기해보면 조정이나 당사자 협의를 통해서 마무리되는 경우가 흔하다. 잘사는 후손들이 특히 조상 묘지를 가지고 왈가왈부하는 것을 싫어하는 모습을 여러 번 봤다. 임장 가서 분묘관리 상태를 보면 후손들 사는 모습이 대강 보인다.

## 02
## 낙찰 후 8일 만에
## 입찰보증금 5배 받았다

### 낙찰받고 일주일 만에 합의된 지분 투자 [23]

"이런 맛에 지분 투자하게 되는 것 같습니다!"

이 건을 낙찰받은 투자자는 앞서 본 태안군 신덕리 논을 낙찰받아 개구리를 키우시겠다는 한편으로는 당당하고, 어쩌면 황당한 발상으로 주변 사람들을 즐겁게 해주고 있는 공유 투자팀 젠틀맨 신병* 선생이다.

"전국구시네요!"
"그런 것이 아니고 하다 보니 그렇게 됐습니다."

---

23) 서울동부지방법원 2016-58**번으로, 성동구 금호동에 있는 단독형 다가구주택이 깔고 있는 대지만 지분으로 경매 나온 경우였다.

"이번에는 3.7평 대지 지분이네요."
"낙찰받고 일주일 후에 합의하고, 돈은 다음 날 입찰보증금의 5배를 더 받고 강제경매 취하동의서를 쓰고 마무리했습니다."
"정말 멋집니다. 이보다 더 어떻게 잘할 수 있으세요?"
"그런데 처음 전략으로는 잔금을 납부하고 지분경매쟁이 수법을 동원해서 나머지 5/7도 내 것으로 만들어버릴 심산이었거든요."
"압니다. 그래도 보기 좋고 잘하신 겁니다."
"저도 많이 양보했습니다."
"5배 받으시면 됐지, 뭘 또 양보했다는 말씀이세요?"
"641번지 땅 43$m^2$를 확보했다면 32평형 재개발 아파트 하나를 확보하는 것은 시간문제였거든요."
"본래 소유자였던 할머니한테 다시 돌아가서 다행이잖아요!"
"저도 흐뭇해서 괜히 한번 해본 소리입니다."
"입찰보증금 360만 원이 8일 만에 1,500만 원으로 돌아오는 마술같은 이야기가 경매 판 아니면 어디서 구경하겠어요?"
"그러게요. 인심 쓰고, 돈 벌고."
"맞습니다!"
"할머니한테 칭찬 들었다고 하셨죠?"
"즐겁습니다!"

## 채권청구금액이 4,065,801원인 금호동 대지 지분

| 소재지 | 서울 성동구 금호동*가 6**-1 | | | | |
|---|---|---|---|---|---|
| 구분 | 강제경매 | 채권자 | 한울가람대부㈜ | | |
| 용도 | 대지 | 채무/소유자 | 박**/박** 외 1 | 매각기일 | 2017.03.20 매각 |
| 감정가 | 56,534,000원 | 청구액 | 4,065,801원 | 종국결과 | 2017.03.30 취하 |
| 최저가 | 36,182,000원 (64%) | 토지 | 전체 43㎡ 중 지분 12.3㎡ (3.7평) | 경매개시일 | 2016.08.01 |
| 입찰보증금 | 10% (3,618,200원) | 건물 | 0.0㎡(0.0평) | 배당종기 | 2016.10.17 |
| 주의사항 | · 지분매각 · 입찰 외 | | | | |

"저도 금호동 그 동네는 좀 압니다."

"서울에서 재개발 지역에 관심 있는 분들이 금호동, 옥수동 모른다면 간첩이겠죠!"

서울 지하철 3호선 금호역 2번 출구에서 도보로 7~8분 거리에 있는 금남치안센터가 있는 그 일대가 10여 년 전에도 재개발로 뒤숭숭했던 지역이고, 여전히 비슷한 상황이다. 달라진 점이 있다면 10년이 경과하면서 진행될 가능성이 그때보다는 많이 높아졌다는 점이다.

"지분 5/7를 가진 채무자의 모친이 기를 쓰고 이 지분을 사수하려고 한 이유가 훨씬 현실적입니다."

### 채무자의 모친인 할머니가 입찰 법정에 왔다

"우리 집 낙찰받은 양반이요?"
"집이 아니고 땅을 받은 사람입니다."
"집이나 땅이나 그것이 그것이오!"

최고가매수인이 돼 입찰영수증을 받고 법정 밖 복도로 나오자 웬 할머니 한 분이 기다리고 있었다. 할머니의 요지는 간단했다. 아들이 사고 쳐서 경매에 넘어갔는데 입찰보증금을 2배로 줄 테니 잔금을 납부하지 말라는 것이었다.

"저는 그렇게는 못합니다. 정 그러시면 2,000만 원을 주세요."
"아이고, 젊은 양반. 불쌍한 노인네 한 번만 살려줘요!"

서울동부지방법원 경매 법정 입구 복도에서 입찰결과를 기다리고 있던 사람들, 따라온 사람들, 모 경매반 강좌 수강생으로 입찰법정에 견학 온 사람들, 경락잔금 알선 전단지를 나눠주던 분들까지 거기 있던 사람들의 시선이 죄다 낙찰자인 신선생님 쪽으로 집중되더란다.

"그럴 수밖에 더 있겠어요? 할머니가 쩌렁쩌렁한 목소리로 살려달라고 애원을 하니 법정 복도에 있던 사람들이 무슨 일인가 일제히 저를 쳐다보는데 얼굴이 금방 빨개지더라고요."
"여전히 휴머니스트시군요!"

변명이 궁색해서 둘러대기를 입찰자 명의는 혼자지만, 사실은 세 사람이 공동 투자한 건이어서 내 마음대로는 못한다는 말을 해도 할머니는 막무가내더란다.

"입장이 엄청 난처하셨겠네요?"
"제가 지분물건으로 처음 머리 올린 첫 개시작품인데, 살고 있는 할머니가 하도 사정을 하니 딱하기도 하더라고요."

낙찰일로부터 일주일 후에 결정되는 매각허가 여부를 보고 나서 다시 만나기로 합의하고 헤어졌다.

### 사부에게 지분 협상 신의 한 수를 코치받았다

"최 선생님, 5/7 지분권자가 입찰보증금의 2배인 600만 원을 준다고 하는데 어떻게 할까요?"
"어제 낙찰받으셨다면서요?"
"낙찰받고 나오는데 채무자 모친이자, 5/7 지분권자인 할머니가 경매 법정에서 간곡하게 부탁하셨습니다."

"뭐라고 부탁하시던가요?"

"입찰보증금을 2배로 줄 테니 매각허가가 나도 잔금을 납부하지 말랍니다!"

"뭐라고 대답하셨는데요?"

"다른 사람들하고 공동으로 투자한 건이어서 내 마음대로는 못하고, 상의해보고 연락하겠다고 하고 일단 자리를 피했습니다."

"잘하셨네요!"

"연락한다고 하셨는데 연락이 오면 뭐라고 대답할까요?"

"얼마 받으시면 좋을 것 같으세요?"

"1,500만 원 정도면 만족하려고 합니다."

"그러시면 2,000만 원 달라고 하세요!"

"어제 1,500만 원이면 생각해보겠다고 했는데요?"

"상관없습니다."

"그래도 될까요?"

"상관없습니다."

"알겠습니다."

이미 한 말을 뒤집으라는 사부님의 한 수 코치가 이해는 되지 않았지만, 그렇게 하기로 했다.

"말을 바꿨다고 할머니가 야단할 것 같은데요?"

"투자자들하고 상의했더니 반대 의견이 심해 2,000만 원도 어렵게 합의했다고 하시면 됩니다."

### 1,500만 원 받은 죄(?)로 최선을 다해 열심히 도와드렸다

낙찰일로부터 매각허가일까지는 일주일이 필요하다는 것은 독자분들도 잘 아는 사항이다. 입찰일로부터 일주일 뒤 매각허가결정이 나자 득달같이 할머니한테서 연락이 왔다.

"약속대로 2배를 드릴 테니 경매 취하동의서를 써주세요!"

다짜고짜 약속을 이행하라신다.

"아이고, 아주머니. 언제 무슨 약속을 했다고 취하동의서를 운운하세요? 정 그러시면 해드리고 싶어도 못해드립니다."

돈 준비해놨다고 만나자고 하신다.

"그러면 얼마를 받으려고 하는 건지 말해주세요."
"정확한 금액이 먼저 합의되지 않으면 만나지 않겠습니다."
"1,500만 원을 다 달라는 말씀이시죠?"
"저 혼자 결정할 수 없는 일이어서요."

"알겠어요. 그렇게 하시죠!"
"저희도 양보해서 1,500만 원으로 결정했습니다."

만나기로 하고 약속장소에 갔더니 할머니가 1,500만 원을 주면서 한마디 하시더란다.

"이 돈 꼭 다 받으셔야 되겠어요?"

낙찰자는 자신도 모르게 움찔했단다.

### 할머니는 낙찰자를 개인 비서처럼 부려 먹었다

이 경매 사건의 경우 경매 신청채권액이 500만 원 정도밖에 되지 않았고, 사해행위취소소송을 통해 대위등기를 한 다음 강제경매를 신청한 채권자가 NPL 대부업체였다. 아울러 임의경매, 강제경매 중 강제경매여서 채무자가 경매를 취하시키려면 낙찰자인 최고가매수인의 경매 취하동의서를 경매 법원에 제출해야 한다. 할머니는 아들 같으니 부탁한다면서 이왕 하는 김에 채권자를 찾아가서 경매 취하신청서를 제출해 달라고 하셨다.

"사실 우리한테야 그건 별거 아니잖아요."

"그거야 그렇죠. 그리고 채무자가 채무변제하고 경매 신청 취하해달라는데 싫다고 할 사람이 어디 있나요?"

"문제는 이런 경우 최고가매수인이 경매 취하에 동의해주지 않는 경우가 자주 있다고 들었습니다."

"자주까지는 모르겠고, 나라도 좋은 물건 잡았는데, 몇 푼 더 줄 테니 취하에 동의해주라고 하면 쉽지 않을 것 같습니다."

"동의해주셨으니까 취하가 가능했을 것 아닌가요?"

"나도 자식 키우는데 아들이 저질러 놓은 사고 뒷감당하느라 동분서주하고 계시는 할머니 상대로 끝까지 가기가 마음이 편하지 않았습니다."

"그리고 할머니가 개인 비서처럼 '이거 좀 부탁해요. 저거 좀 해주세요' 하셨다고요?"

"할머니하고 NPL 대부회사 가서 채무변제하고 경매 취하 요청하는 것은 하나도 어렵지 않습니다. 그런 건 우리에게 일도 아니죠. 오히려 즐거운 마음으로 해드렸습니다."

"대부회사는 동의했나요?"

"그렇죠. 대부업체야 흔쾌히 동의하고, 오히려 대부법인 대표하고 명함도 교환하고 즐거웠다니까요!"

"할머니는 감사해하셨겠고요."

70세 넘은 노인네가 경매 법원에 가고, 대부회사를 찾아가고 하는 일들이 우리가 생각하는 것처럼 쉬엄쉬엄 할 수 있는 일이 아니다.

### 2017년 3월 20일 입찰일, 2017년 3월 30일 취하

할머니에게서 1,500만 원을 받은 것은 입찰일로부터 8일이 지난 2017년 3월 28일이고, 다음 날인 29일 대부업체에 찾아가서 경매 취하서를 받아서 서울동부지방법원 경매 5계에 제출한 것이 2017년 3월 30일이었다. 사전에 대부업체에 부탁 전화를 해놨다.

경매 신청권자인 대부법인에게 할머니 손을 잡고 찾아가서 어려운 상황을 설명하고, 원금과 경매 신청비용만 부담하는 조건으로 경매를 취하하기로 했다. 경매 취하서를 서울동부지방법원 경매계에 접수시켜주고 돌아서는데 가슴이 왠지 뿌듯해져 오더란다.

"박사님, 아세요? 누군가에게 작은 도움이 됐다는 만족감이 저를 행복하게 만들더군요."
"잘하셨습니다. 그 할머니한테는 작은 것이 결코 아니었을 겁니다."
"취하됐다고 전화를 드리고 경매 법원 기록을 출력해서 사진 찍어 보내드렸더니 고맙다고 전화하셨더라고요!"

그로부터 약 2주일 뒤에 입찰보증금 3,618,200원을 찾아왔다. 바로 앞에서 소개한 태안군 신덕리 논을 낙찰받아 개구리 양식장을 만들어 주변 사람들에게 개구리 보양식을 대접하겠다는 즐거움을 주더니, 이번에는 성동구 금호동 3.7평 지분을 낙찰받아 경매당한 할머니 개인 비서 노릇까지 마다하지 않는 멋쟁이셨다.

# 03
## 지분 낙찰 후 공유자우선매수로 지분 2/3 확보

**지분물건의 시간차 공격** [24)]

독자 여러분들은 오로지 이 책을 통해서 지분경매 틈새 투자의 수준이 다른 한 수를 보고 계신다.

"지분권자가 된 낙찰자가 해야 할 수고를 다른 채권자가 대신 해주고 있는 거죠!"

2016-2297*로 진행된 지분 1/3에 대한 입찰일이 2017년 5월 22일이었고, 나머지 2017-7808*호로 진행된 지분 1/3에 대한

---

24) 의정부지방법원 2016-2297*, 2017-7808*호 단독주택 물건의 각 지분 1/3이 따로 두 건으로 경매 진행된 사건이다. 독자 여러분은 이 물건을 통해 지분 투자의 진수를 만나게 될 것이다.

입찰일은 2018년 5월 14일이었다.

"비슷한 감정가격인데도 1년 뒤에 낙찰된 물건의 낙찰가격이 약 270만 원 차이가 나네요?"
"금액이 작다고 웃는 건 아니시죠?"

먼저 진행된 경매 사건에서 낙찰받아 지분권자가 된 다음, 1년 뒤에 진행된 경매 사건에서는 공유자우선매수청구권을 행사해서 최고가매수인을 차순위매수인으로 밀어내고 낙찰받은 것이다.

### 2016-2297* 경매 진행 내역

| | |
|---|---|
| 감정가격 | 25,271,180원 |
| 입찰가격 | 15,910,000원 |
| 입찰일시 | 2017년 5월 22일 |
| 낙찰자명 | ㈜가**투자 |
| 지분 | 1/3 |

### 2017-7808* 경매 진행 내역

| | |
|---|---|
| 감정가격 | 25,205,590원 |
| 입찰가격 | 13,200,000원 |
| 입찰일시 | 2018년 5월 14일 |
| 낙찰자명 | 공유자인 ㈜가**투자 |
| 지분 | 1/3 |

"두 건으로 각각 따로 경매 진행된 이유가 있나요?"
"채권자가 달랐을 뿐 별다른 이유는 없습니다."
"기존의 다른 지분권자 지분이 경매될 가능성을 알기는 어렵지 않을 것 같습니다."

해당 부동산 등기부등본을 보면 어느 정도는 감을 잡을 수 있다.

## 경매의 궁극적인 목적은 싸게 잡는 것

두 번 말할 일 없는 진리다.

"앞의 낙찰가율은 63%고, 두 번째 물건은 52.37%로 약 10.6% 정도 차이가 나네요?"
"지분경매 투자의 핵심을 보고 계시는 것 맞습니다."

물건이 작은 이유로 가격 차이는 270여만 원 차이지만, 낙찰가율로는 10% 차이라면 어마어마하게 큰 차이를 가져올 비율이다.

* 낙찰가격이 1억 원이라면 약 1,000여만 원 차이가 나고,
* 낙찰가격이 2억 원이라면 약 2,000여만 원 차이가 나고,
* 낙찰가격이 3억 원이라면 약 3,000여만 원 차이가 나고,
* 낙찰가격이 5억 원이라면 약 5,000여만 원 차이가 나고,

* 낙찰가격이 7억 원이라면 약 7,000여만 원 차이가 나고,
* 낙찰가격이 10억 원이라면 약 1억여 원 차이가 나고,
* 낙찰가격이 20억 원이라면 약 2억여 원 차이가 나고,
* 낙찰가격이 30억 원이라면 약 3억여 원 차이가 나고,
* 낙찰가격이 50억 원이라면 약 5억여 원 차이가 나고,
* 낙찰가격이 70억 원이라면 약 7억여 원 차이가 나고,
* 낙찰가격이 100억 원이라면 약 10억여 원 차이가 나게 된다.

### 두 사람의 지분 각각 3/10이 따로 경매 진행됐다 [25]

"왜 그랬을까요?"

"뭐가요?"

"이 물건은 2016-2297*, 2017-7808*인 두 건으로 경매가 진행됐잖아요?"

"그게 이상한가요?"

"한 건으로 진행하고, 물건번호 [1], [2]로 진행했으면 훨씬 간단하지 않나 해서요."

"채권자가 각각 달라서 그렇게 된 것입니다."

"그래서 낙찰자인 가**투자가 이익을 본 것이고요."

---

25) 의정부지방법원 2016-2297*, 2017-7808*이다. 두 번 따로 입찰해서 현재 토지지분은 2/3, 건물 지분은 6/10을 확보했다. 그리고 나머지 1/3에 대해서는 매매를 통해 매입하려고 협상 중에 있다.

"결과적으로 맞습니다."

두 건의 낙찰결과를 살펴보면 2016-2297*은 일반입찰로 소유권을 취득해서 지분권자가 된 다음, 2017-7808*에서는 다른 입찰할 때까지 기다렸다가 공유자우선매수청구권을 행사해서 2016-2297* 때보다 가격으로는 약 270만 원, 낙찰가율로는 무려 10% 이상 싸게 낙찰받은 것을 볼 수 있다.

**거듭 말씀드리지만 독자 여러분들은 지금**

지분물건 발견

지분물건 입찰

공유자 지위 획득

공유자우선매수권리 행사

지분경매 공부의 한 핵심 축을 보고 계신다.

"한 축이라고 하시면 다른 또 한 축이 있다는 말씀이세요?"

두 번째 축은 다음과 같다.

지분물건 소유권 취득

협상, 분할소송

나머지 지분 취득 또는 매각

필자가 이 책을 통해 독자 여러분에게 보여드리고 싶은 핵심 주제다. 우 박사가 겨우 270여만 원을 가지고 호들갑을 부린다고 생각하는 독자들은 당장 시원한 냉수 한잔 들이켜고 정신부터 차려주시길 바란다.

### 나머지 1/3은 매입을 위해 협상 중이다

나머지 지분 1/3에 대한 해결책도 마련 중이다.

"부친에게서 상속받은 이 단독주택의 투자 가치는 무엇이 었을까요?"
"작기는 해도 인근 빌라나 연립주택들이 좀 오래돼서 조그마한 단지를 재건축해야 할 때는 반드시 이 집 소유자들한테 동의를 받아야 해서요!"

"나머지 지분도 매입을 위해 협상하고 있다고 하셨죠?"

"두 번 낙찰로 2/3를 확보했고, 나머지 1/3까지 매입하면 임대만으로도 매입가격 전부를 회수할 수 있을 것으로 판단했습니다."

"전세보증금으로 투자 금액을 회수하고, 상황이 진전될 때까지 버티자는 전략이신 거죠?"

"가격만 맞으면 오래 가져갈 계획은 없습니다."

"회전이 더 중요하다는 말씀처럼 들려요."

작은 단지라도 재개발, 재건축으로 가려면 상당한 시간이 걸리고, 또 진행과정에서도 여러 변수가 있는 것이 보통이다.

### 지분물건 입찰에 지분권자가 많을수록 더 좋다

다른 방법은 경매로 소유권을 취득 후 지분매각으로 지분권자 수를 늘리는 것도 방법이다. 현재 법원은 법률의 명문규정에는 따로 없지만, 경매 질서를 지키고, 채권자 또는 채무자의 재산상 손해를 방지하려는 목적에서 공유자우선매수청구권리를 공유자 한 사람당 1회로 제한하고 있다. 이를 효과적으로 피해 갈 수 있는 방법이 지분물건 낙찰로 소유권 취득 후 매각절차를 통해 지분권자 수를 늘려 나가는 방법이 있다. 아니라면 처음부터 입찰자 수를 여러 명으로 하는 방법도 생각해볼 수 있다.

"뜬금없이 이 이야기를 여기서 왜 하시는지 이해가 잘 안 됩니다."
"그런가요?"
"앞에서는 지분권자가 적을수록 좋다고 하셨잖아요?"
"기존의 지분권자는 적을수록 지분 투자자 입장에서는 유리하고, 우리가 지분을 확보한 이후에는 우리 쪽 지분권자가 많을수록 유리하다는 이야기입니다!"

따라서 지분물건 입찰을 하는 경우 가능하면 처음부터 지분권자가 많을수록 더 좋다.

### 일부러 미친 척을 해서라도 전하고 싶은 메세지

"지금 헛소리하는 것은 아닌 듯한데 저도 제가 무슨 말을 하는지 잘 모르겠습니다."
"장난하지 마시고, 집중하시고, 진지해주세요."
"…"
"더우세요?"
"…"
"더위 드셨냐니까요?"

"네, 아마 더워서 그런 것 같은데 콧노래는 절로 나옵니다."

필자가 이 대목에서 독자분들에게 미친 척이라도 해가면서까지 전하고자 하는 지분경매 투자 비법 한 수가 숨겨져 있다는 것을 이 대목에서 찾아내주시면 정말이지 행복하겠다.

"독자분들이 이 부분만 온전히 읽어내시면 이 책은 여러분들이 지불한 책값의 1,000배 이상은 돌려드렸다고 자부합니다."
"미친 척하며 전달하고자 하는 행간의 의미를 저도 읽었습니다."

# 04
## 지분물건 자금조달에 관한 몇 가지 어드바이스

**지분물건도 융자 어렵기는 마찬가지다**

낙찰 후 이용하게 되는 경락잔금 융자가 어려운 것이 지분물건의 특징 중 하나다.

"누구에게는 불편이 누구에게는 이점이 되는 경우가 흔합니다."
"융자가 어렵다는 것이 투자의 유불리를 말하는 것은 아니라는 이야기시죠?"
"결론은 비등점을 넘느냐, 넘지 못하느냐의 문제라고 봅니다."
"경매 물건의 현재 경락잔금 시장 상황을 좀 알려주세요!"[26]

---
26) 2018년 10월 현재 상황이고, 정부의 부동산 정책 등에 따라 달라질 수 있다. 따라서 경락잔금 융자가 필요한 분들은 사전에 정확한 상황을 파악한 다음, 자금조달계획을 세워야 한다.

경락잔금 융자는 시중 은행 아무 지점에서나 해주나요?"

"그렇지 않습니다. 일반인들은 자기가 단골로 거래하는 은행 지점을 방문해도 경락잔금 융자를 받기 어렵습니다."

"왜 그런가요?"

시중 은행 지점들은 경락잔금 융자 상품을 취급하지 않는 곳이 많기 때문이다.

"독자분들 중에서 경락잔금 융자가 필요한 분들은 필자에게 연락하면 상당히 유리한 조건(융자가능액, 대출이자)으로 융자 받을 수 있게 도와드릴 수 있습니다."

"구체적으로 알려주세요!"

"낙찰받고 싶은 물건의 개요와 입찰할 분의 신용상태 등을 알려주시면 융자가능 금액을 어느 정도 윤곽을 잡아드릴 수 있습니다."

"직접 해주시나요?"

"아니요. 제가 약 10여 년 이상 거래해오고 있는 단골 경락잔금 컨설턴트분에게 연결만 해드리고 더는 관여하지 않습니다."

"그러면 모든 협의는 알려준 경락잔금 컨설턴트분과 진행하면 된다는 말씀인가요?"

"그렇습니다."

"현재 대강의 경락잔금 융자 정보를 조금만 알려주세요!"

서울과 수도권 아파트는 방 빼기 후 낙찰가의 50~60% 정도, 이율은 3~4%인데 고정, 변동에 따라 다르다. 다가구주택-단독주택은 방 빼기 후 40~50% 정도, 이율은 4% 전후이고, 상가 오피스(텔)는 임대사업자 대출로 낙찰가격의 약 80%, 이율은 3.5~4% 수준이다.

"지금 알려주신 내용은 기본적인 내용이고, 구체적인 것은 입찰 전에 알아보고 난 후에 입찰하라는 이야기시죠?"

### 신생법인은 어차피 경락잔금 융자가 쉽지 않다

지분을 법인 이름으로 받아도 별다른 문제가 되지 않는 이유는 어차피 지분물건은 경락융자가 잘 안 되기 때문이다.

"실적 없는 신생법인은 경락융자가 불가능한가요?"
"기본적으로는 안 되는 것으로 알고 있습니다.
"그 점이 한편으로는 지렛대가 될 수도 있겠네요. 지분물건에서 100% 자기 자금을 동원할 수 있다면, 오히려 더 낮은 가격에 받을 수 있다는 말씀이시죠?"
"잘못하면 묶일 가능성도 있는 지분물건에서 억 단위 물건은 입찰자 수가 한두 명인 경우가 정상입니다."
"다른 종류 경매 물건의 평균 낙찰가율보다도 낮고요."

"그렇습니다."
"양날의 칼인 것이 맞네요."

### 산림협동조합은 임야도 융자가 가능하다

지목이 임야일 때 융자가 가능한 정상적인 금융기관은 산림협동조합이다.

"역시 다르시군요. 다른 책에서는 지목이 임야일 때는 융자가 불가능하다고만 했지, 가능한 금융기관이 있다는 것은 이 책을 통해 처음 알았습니다."
"임야가 있는 지역의 산림협동조합에 융자받기 전에 조합원으로 가입하면 융자가 가능합니다. 필요할 때 안내받으시면 됩니다."
"전, 답, 과수원, 목장용지 등 농업용 부동산은 해당 지역 중앙농협, 단위농협으로 연락하면 융자 가능 여부를 알 수 있겠네요?"
"그렇습니다."
"이런 경우에는 개인으로 응찰해야 하나요?"
"네, 개인으로 입찰해도 융자에는 문제가 없다고 들었습니다."

### 지분물건 자금 동원 방법

"개인 단독 투자로 자금을 마련할 수 있다면 그것보다 더 좋은 속 편한 방법이 또 어디 있을까요?"

### 공동 투자

"두 사람 이상이 공동으로 지분물건에 투자하는 경우에는 가능하면 작은 물건부터 해보는 것이 유리합니다."
"이유가 뭘까요?"
"경험이 많지 않은 분들이 당초 예상대로 경매가 진행이 되지 않으면 당황하게 되거든요!"

출구전략이 예상과 다르게 진행되면 문제가 복잡해질 수 있다.

"그럴 때는 어떻게 하는 것이 현명할까요?"
"투자자들끼리 협의하고 양보해서 진행시키면 됩니다."
"그게 어려울 때는 어떤 방법이 있을까요?"
"투자자 중 여유 있는 사람이 공동 투자자 지분을 인수해주는 것도 방법 중 하나입니다."
"그래서 금액이 작은 물건에 도전하라는 말씀이시군요?"

### P2P

"P2P는 일종의 사설 금융조달 창구라고 생각하면 되겠습니다."

P2P는 원금 보장이 되지 않는다. 불특정 다수에게서 비교적 소액(적게는 100만 원에서부터 시작)을 상품별로 조달해서 자금이 필요한 사람들에게 빌려주거나 아니면, 직접 낙찰받은 경매 물건 또는 부동산 개발사업에 투자하는 방식으로 한창 성업 중이다.

"사고도 많이 난다고 하던데요?"
"소액으로 야무지게 잘 운영되는 곳이 더 많은데, 사고도 자주 발생하는 것이 사실인 것 같습니다."
"P2P 투자 이자는 어느 정도 수준인가요?"
"투자 물건마다 다르더라고요. 우수해서 안전하다고 판단되는 건은 약 7%부터 시작하고, 리스크가 높다고 판단되는 물건에는 12~14%까지 지급한다고 투자금을 모으는 곳도 있습니다."
"3부(연 36%)를 준다며 자금을 끌어모으는 곳도 있다고 하던데요?"
"정상적인 업체라면 그런 이자를 주지 못합니다. 무슨 수로 그런 이자를 줄 수 있겠어요?"

절대 피해야 하는 돌려 막기 하는 곳이라는 이야기다.

"필자가 아는 분 중에서도 이런 곳에 투자했다가 원금 찾는 데 무려 4년을 허비하고 마음고생은 마음고생대로 원 없이 한 분도 본 적 있습니다."

"처음부터 고율의 확정이자 운운하면 투자하지 않으면 되는 데, 의외로 넘어가는 분들이 상당한 것이 사실입니다."

"미끼는 고율의 이자이지만 본질은 욕심입니다. 게다가 자기가 피해를 당하면 주변 사람들까지 끌어들이며 자금조달책까지 하는 분들도 있는데, 다 욕심 때문이 아닌가 합니다."

### 소액물건을 여러 건 받는 노하우

자본금이 적은 법인을 여러 개 만들어 활용하는 사람들이 있다.

"지분물건 투자에 그렇게 한다는 말씀이시죠?"

필자가 아는 분 중에도 지분물건을 기본적으로 30개 정도를 저축하고는 한 달에 한 개 이상 매각, 한 개 이상 낙찰로 일정한 개수를 유지하는 투자자가 있다.

"그 양반 지론은 매달 한 개 이상을 매각해서 생활비를 조달하고, 원금으로는 비슷한 물건을 바로 채워 놓는다고 하더라고요."

"어떤 경매 책을 봤더니 월세로 생활비를 만들라는 내용을 본 적 있는데, 매각으로 생활비를 번다는 발상이 신선하네요."

**이 책을 쓰고 있을 때 진행하고 있던 공유펀드 P2P 14호 상품**

이 건은 필자도 잘 아는 공유펀드 P2P 14호 상품이다.

"총 모집금액이 5,500만 원이고, 여기서 조달된 자금은 14호로 진행되고 있는 화성시 지분물건에만 투자된다고 보면 되나요?"

"그렇게 보면 되는 것이 아니고 100% 그렇게 진행하고 있습니다."

"투자 기간이 12개월이라는 말은 목표라고 봐야 되는 거죠?"

"그렇죠. 그 전에라도 청산

될 수 있고, 경우에 따라서는 기간이 길어질 수도 있고요."
"투자 수익률 14%는 어떻게 봐야 하나요?"

투자 구조가 정상이라는 것을 의미한다.

"소액 시골 지분물건 수익률로는 평범하다고 보는 것이 맞습니다."
"세전 수익률이죠?"
"그럼요 차포 다 뗍니다."


### 자본금 1만 원짜리 법인도 아무 문제없다

"상법상 한 주당 최소 가격이 100원이니 자본금 100원짜리 법인 설립도 상법상 아무런 문제가 되지 않습니다."
"그렇다면서요?"
"사실은 저도 100원짜리 법인도 법인격으로서 아무런 문제가 없다는 사실을 이번에 이 책을 쓰면서 알게 됐습니다."
"좋은 정보 감사합니다."

### 법인 주소지는 지방이 유리할 수도 있다

"지분물건인 경우에는 수도권과밀억제권역 밖에 있는 경우가 많아서 법인 주소를 지방 도시에 두는 것도 나쁘지 않습니다."

"부동산 취득 시 설립 5년 미만의 신생법인에게 적용되는 지방세 중과세 규정 때문에 그렇다는 말씀이시죠? 지방의 임야 등 지분물건은 금액도 크지 않아서 그냥 수도권에 두는 것이 큰 문제가 안 될 것 같은데요?"

"상황에 따라 어느 쪽에 둘지는 잘 판단하시면 될 것 같습니다."

"네."

"물건 및 사안에 따라 적절히 잘 판단해서 신축적으로 운영하면 되는 것으로 정리하고 넘어가시죠."

# 05
## 충북대 후문 인근 원룸을 깔고 있는 도로지분물건

**자본금 1만 원짜리 법인으로 낙찰받은 지분** [27]

앞에서 본 것처럼 법인 자본금이 1만 원이라고 해도 이상할 것 없다.

"상법상 한 주 최소 가격이 100원이어서 100원짜리 법인 설립도 가능합니다."
"이 물건 낙찰받은 법인도 자본금 1만 원짜리 법인이라고 하셨죠?"

---

27) 청주지방법원 2015-530**이고, 지목은 도로로, 충북대학교 기숙사 북측 인근에 있는 총 583$m^2$ 중 지분 2/20인 58.3$m^2$(17.6평)이 당초 감정가격 26,268,600원일 때 7,159,000원(감정가격 대비 26.83%)에 자본금 1만 원짜리 법인 가온**투자로 낙찰받았다.

"네, 법인이 여러모로 유리합니다."

특히 이 책의 주제인 지분물건처럼 정상적인 금융기관에서 경락잔금 융자가 어렵거나 안 되는 물건, 소액으로 투자가 가능한 물건에는 이 같은 방법이 나쁘지 않다.

### 필요한 자와 필요하지 않은 자

"현물분할 방법 말고 다른 방법도 있다고요?"

땅이 필요한 자가 땅이 필요하지 않은 자에게 현금으로 정산하는 방법도 현물분할에 의한 방법으로 원용된다.

"서로 가격 협상이 원만하게 되는 경우의 이야기라는 말씀이시죠?"

상호 가격 협의가 안 되면 법원이 결정하는 대로 형식적 경매로 진행해서 보유 지분별로 비율배당을 받고 마무리하게 된다.

"결국 쟁점은 가격이겠네요?"
"만사가 돈을 중심으로 미쳐 돌아가고 있습니다."

"돈은 없는 것보다는 있는 것이 좋고, 있는 것보다는 많은 것이 좋습니다. 돈 안 좋아한다고 허세 부릴 일 없습니다. 돈 싫다는 사람 없습니다."

"법원은 소송 시작부터 경매로 가면 서로 불리할 수 있으니 원만히 합의하는 것을 권했습니다."

"낙찰자 입장과 기존 지분권자 입장은 다를 수밖에 없겠죠."

"낙찰받은 사람들은 오로지 수익률뿐이지만, 기존의 지분권자들은 이런저런 이유와 사정이 있기 마련이죠."

"낙찰자는 돈(=수익)만이 목적이고, 기존의 지분권자는 이용 등 변수가 더 많아 협상에서 카드가 많지 않았겠네요?"

지분물건 진행과정이나 낙찰 후 협상과정 등을 보면 기존의 지분권자들은 나머지 지분을 지키려 하거나 또는 포기하려고 할 때 협상과정에서 낙찰받은 낙찰자보다 운신의 폭이 넓지 못한 경우를 자주 보게 된다.

"지분물건을 흥정할 때 보면 지분권자가 다른 지분권자의 스파이 노릇을 합니다."

"형제나 상속인 사이에 분란이 발생하는 경우도 생기겠네요."

그 물건의 내부 정보를 다 발설한다.

"안 생기면 이상하죠!"

그런 판이 벌어지면 지분 투자자에게 자기 쪽 내부 정보가 몽땅 흘러들어가는 것은 시간문제다.

### 조정장 분위기

지분 낙찰로 소유권 취득 후 현물분할청구소송을 제기하면, 법원은 판결로 결정하기보다는 가급적 양 당사자가 협의를 통해 마무리하도록 유도한다. 그 대표적인 방법이 조정 절차에 회부하는 것이다. 가온**투자가 신청한 공유물분할청구소송에 재판부 직권으로 조정 절차에 회부해 조정장에서 기존 지분권자를 만났다.

"채권자(신청인) 쪽 나오셨나요?"
"네."
"누구신가요?"
"낙찰받은 법인 대표입니다."
"채무자(피신청인) 쪽은 누가 나오셨나요?"
"지분권자 아무개입니다."
"혼자 나오셨나요?"
"네, 저하고 이야기하시면 됩니다."
"알겠습니다. 양쪽 모두 나오셨으니 진행하도록 하겠습니다."
"먼저 채권자 쪽에서 조건을 말씀해보세요."

"저희는 기본적으로 현물분할을 바라고 있습니다."

"그러시군요. 그런데 이런 경우에는 지분 면적이 58.3㎡로 현물분할 최소 면적기준보다 작아서 현물분할은 어려울 듯합니다. 알고 계셨죠?"

"당사자 간에 협의해도 안 되나요?"

"가능하시면 어느 한쪽으로 통일하는 것이 서로에게 유리하지 않을까요?"

"일단 저희 생각은 기본적으로 현물분할입니다."

"알겠습니다. 이번에는 채무자 쪽에서 말씀해보시죠."

"적당한 가격에 저희에게 파셨으면 합니다. 이미 여러 차례 낙찰자 쪽에 그런 입장을 전달하기도 했습니다."

"채무자 쪽에서 팔라는데 채권자 쪽에서는 팔 의향은 없으신가요?"

"채무자 쪽으로부터 이야기는 들었지만, 주장하는 가격 차이가 너무 큽니다. 그리고 이 일대는 충북대학교가 계속해서 사들이고 있는 지역이기도 해서 저희는 채무자 쪽에서 말하는 터무니없는 가격엔 매각할 수가 없습니다."

"채무자는 얼마를 제시하고 있나요?"

"낙찰가격의 2배 정도를 이야기하고 있습니다."

"채권자 쪽에서는 얼마면 매각의향이 있으세요?"

"제가 이 자리에서 '얼마를 주시면 좋겠습니다' 하고 말씀을 드릴 수가 없습니다."

"그건 또 무슨 말씀이세요?"

"제가 법인의 대표인 것은 맞지만, 오늘은 듣고 가서 주주나 투자자들과 협의해야 할 입장이지, 제가 독단으로 결정할 권리는 없다는 말씀입니다."

"아, 그러시군요. 무슨 말씀인지 알겠습니다."

### 조정 도중 엉뚱한 곳으로 불꽃이 튀었다

"조정위원님, 채권자가 사실과 좀 다른 이야기를 하고 있습니다."

"말씀해보세요!"

"채권자는 법인으로 낙찰받아서 자신은 결정권한이 없다고 하는데, 낙찰받은 법인은 저희가 알기로는 지금 나오신 대표이사 개인법인이고, 자본금도 1만 원짜리 법인에 불과합니다."

"그게 무슨 문제가 되나요?"

"시간을 끌거나 조정 자체를 회피하려는 목적으로 다른 투자자들과 상의해야 한다고 말하고 있는 것 같습니다."

"채무자 쪽에서 그렇게 말씀하시면 조정이 성립되기 곤란합니다. 설령 채권자 쪽에서 그런 의도로 말씀을 했다고 하더라도 그건 채권자의 권리로, 채권자 권리를 채무자가 문제 삼는 것은 바람직하지 않습니다. 그리고 채권자 쪽에서 말하는 것이 사실인가요?"

"어떤 부분 말씀이세요?"

"현재 그 일대를 충북대학교가 매입하고 있다는 주장이요."
"그런 것으로 알고 있습니다."
"그러시다면 채권자 쪽 주장도 일리가 있어 보입니다. 감정가격대로 가격을 쳐주면 매각할 의사가 있다고 내용증명을 보낸 것은 알고 계시죠?"
"채권자 쪽에서 보낸 그런 내용증명을 받은 적 있습니다!"

조정장에서 조정위원과 기존의 지분권자인 채무자(피신청인)와 설전이 벌어지고 있는 중이고, 낙찰자이나 분할청구소송의 신청자인 채권자(가온\*\*투자)는 팔짱 딱 끼고 이 상황을 즐기고 있다.

"어차피 분할하면 서로 시간과 비용을 들이고도 더 높게 낙찰된다는 보장도 없는 물건처럼 보입니다. 서로 기본적인 입장은 확인했으니 조정날짜를 다시 한 번 더 잡겠습니다. 시간을 좀 드릴 테니 서로 협의를 좀 해보시죠."
"알겠습니다."

### 100만 원씩 투자해서 8명이 350만 원씩 나눴다

충북대학교 후문 기숙사 인근의 감정가격 26,684,600원짜리 도로지분 17.6평을 7,159,000원(감정가격 대비 26.83%)에 소유권 이전비용까지 총 800여만 원 들었다.

"8명이서 일인당 350만 원씩 나눴다고 하셨죠?"
"지분권자들하고 협의가 잘돼서 분할소송은 취하하고 마무리했습니다."
"그러면 2차 조정은 없었겠네요?"
"법원은 2차 조정일을 잡아줄 테니 그때까지 서로 협의해보라고 권했죠. 서로 합의가 돼서 매매형식으로 넘겨줬으니 그 선에서 끝났고, 법원에는 소취하서를 제출했습니다."
"조정에서도 합의가 안 되면 어떻게 되나요?"
"판사는 현금분할을 위한 강제경매 진행을 판결하겠죠."

지분 전체가 경매에 넘어가면 기존의 지분권자들에게도 유리하다고만은 할 수 없는 상황이 올 수도 있다.

"바로 그 점이 서로가 머리를 맞댈 수밖에 없는 이유입니다."
"그 땅이 꼭 필요한 기존의 지분권자 입장에서는 전체가 경매에 들어가는 것이 기분이 좋지 않을 수 있습니다."
"매입할 이유가 된다는 이야기로 이해하겠습니다."
"가온**투자 명의로는 처음 받으셨다고 하셨죠?"
"네."
"그러면 앞으로 어떻게 하실 생각이세요?"
"뭘 어떻게 한다는 말씀이세요?"

"법인이요."
"두세 개 더 만들 생각입니다."

### 법원 가서 조정 잘하는 노하우 한 수

이 대목은 필자가 지금까지 경매들을 통해 법원 조정장에 가서 깨달은 점을 소개한다. 따라서 지극히 필자의 주관적인 견해라는 것을 미리 밝히고, 독자 여러분들은 참고 정도만 해주시면 좋을 듯하다.

"조정은 그냥 조정일 뿐입니다."
"조정장에 가서 기죽을 일 없다는 말씀처럼 들립니다."
"조정장 분위기가 마음에 안 들면 동의하지 마시고, 나중에 소송으로 마무리하자고 하면 됩니다."
"출석 안 해도 상관없나요?"
"기다리는 사람들을 생각해서 미리 불참한다는 연락 정도만 해주시면 충분합니다."
"조정일에 안 나가거나 소송으로 해달라고 했다가 불이익 등을 받지는 않을까요?"
"그런 것은 없습니다."
"조정 잘하는 노하우가 있으시면 한 수 코치 부탁드려요!"
"할 말만 하시면 됩니다. 말 많이 할 일 없습니다."

## 06 분할소송을 해야 하는데 지분권자가 해외교포란다

**소송의 관건은 송달** [28]

지분물건 낙찰로 분할청구소송까지를 염두에 두는 경우 송달에 관해서 두 번을 따져봐야 한다. 송달의 목적이 경매일 때는 채무자와 지분권자로 나눠 살펴보면 된다. 경매가 목적일 때 채무자에게 경매개시결정문 송달이 완료되지 않으면 경매 법원은 송달이 완료될 때까지 경매 절차를 진행시키지 않는 것이 원칙이지만, 지분권자에게는 송달 간주도 무방하다. 그러나 공유물분할청구소송인 경우에는 지분권자 전원에게 적법하게 송달이 이뤄져야 한다.

---

28) 서산지원 2017-5169*번으로, 총 5,982$m^2$ 중 지분 2/11인 1,087.6$m^2$(329평)이 당초 감정가격 86,724,230원이었고, 두 번 유찰로 42,495,000원일 때 63,199,000원(감정가격 대비 72.87%)으로 2018년 2월 21일에 낙찰받았고, 2018년 3월 22일에 잔금 납부를 완료했다.

### 지분권자가 해외교포인 경우

지분을 낙찰받아 분할청구소송을 제기하는 경우, 피신청인 등이 이사 등으로 당사자에게 적법하게 송달이 이뤄지지 않으면, 통상은 소송절차가 진행되지 않는다. 이런 경우 다른 민사소송과 마찬가지로 법원은 분할청구소송을 제기한 채권자 쪽에게 주소보정 등의 보완을 요구한다. 그런데 만약 지분경매로 지분을 낙찰받은 경우 기존의 지분권자가 해외에 장기체류(시민권자, 영주권을 보유하고 있는 경우 포함)하고 있는 경우가 문제가 된다. 이때는 법원에 지분권자가 해외에 체류하고 있다는 사실을 법원에 알려 법원이 외교통상부에 사실조회확인서 제출을 요청할 수 있도록 채권자 쪽에서 조치를 취해줘야 한다.

"법원을 통해 외교통상부에 해외거주자 주소 파악을 요청하면 시간은 얼마나 걸리나요?"
"직접은 안 해봐서 모르는데 국가마다 차이가 있다고 하더라고요."
"머리 좀 아프겠네요."
"미국이나 캐나다, 호주처럼 교민이 많이 살고 있는 국가의 영사 확인은 통상 2개월 정도라고 들었습니다!"
"법원이 주소를 확보하면 3개월 안팎으로 송달까지 된다고 봐야 하나요?"
"글쎄요. 원칙적인 이야기를 하자면 그럴 듯한데, 실제는 쉽지 않거나, 시간이 더 걸리지 않을까요?"
"입찰 전에 지분권자가 해외에 거주하고 있다는 사실을 알 수는 없나요?"

부동산 등기부를 보면 소유자 주소가 외국으로 돼 있는 경우도 있지만, 변수는 많다고 봐야 할 것 같다.

"완벽하게 파악한 후 입찰하기란 불가능하다는 말씀처럼 들리네요."
"그렇게 보시는 것이 현명하다고 봅니다."

다음 장에 나오는 문서는 낙찰받은 지분물건의 기존 지분권자가 캐나다 영주권자로 살고 있는 경우일 때 법원에 신청해서 법원이 외교통상부를 통해 해외거주민의 사실조회신청을 통해 주소를 확보한 실제 공문이다.

"미국이나 캐나다의 경우에는 2개월 정도 걸린다고 하셨죠?"
"대략 그렇다고 하더라고요."
"법원은 외교통상부에서 주소를 받으면 해외 주소로 다시 송달하겠네요?"
"그렇겠죠!"
"주소 파악까지도 시간이 걸리겠지만, 주소를 파악했다고 해서 정상적인 송달이 이뤄진다고 보기 어려울 수도 있겠고요."

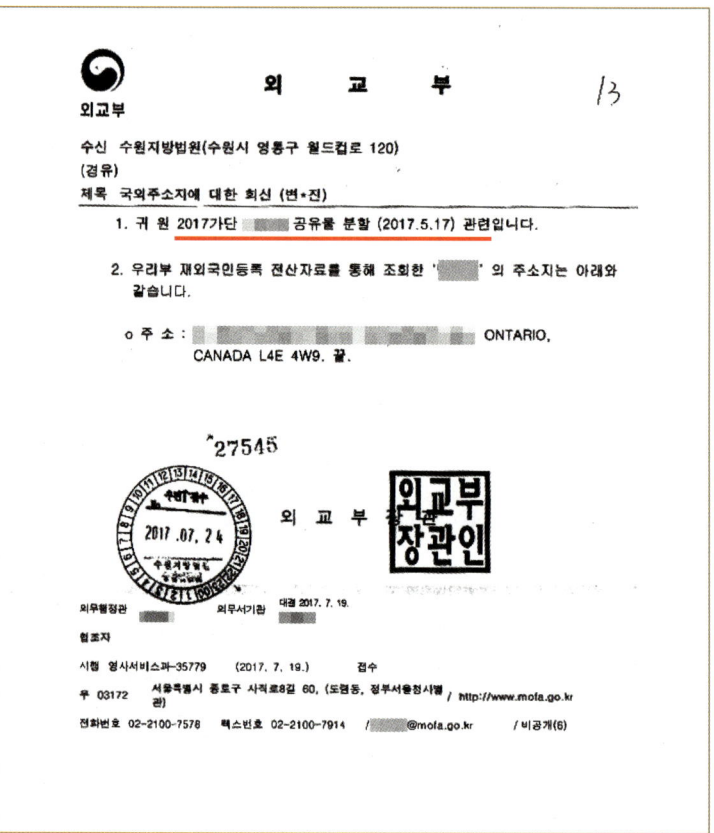

"그럴 것 같기는 한데, 제가 아직까지 실제로 안 해본 일이어서 딱 부러지게 말하기가 곤란하네요."

"박사님도 모르는 것이 있으세요?"

"그런 말씀 하지 마세요. 제가 아는 것은 경매 판에서 돈 놓고 돈 먹기하고, 경매 관련 책 쓰고, 강의하는 것 말고는 잘 모릅니다!"

"그게 중요한 포인트 아닌가요?"

### 송달 방법

① 교부송달 : 직접 건네줌. 송달의 기본원칙.

② 조우송달 : 송달받을 사람을 송달받을 장소 이외의 곳에서 만났을 때에 송달서류를 교부하는 것.

③ 보충송달 : 송달받을 장소에서 송달받을 사람을 만나지 못했을 때, 그 수령대행인에게 송달서류를 교부하는 것.

④ 유치송달 : 송달받을 사람이 정당한 사유 없이 송달받기를 거부할 때 송달할 장소에서 서류를 둬 교부하는 것.

⑤ 발송송달 : 송달장소를 알 수 없거나 유치송달 또는 보충송달을 할 수 없을 때 발송함으로써 송달된 것으로 간주하는 것.

⑥ 송달함에 의한 송달 : 법원 안에 송달할 서류를 넣을 수 있는 송달함을 설치하고, 송달함에 서류를 넣은 지 3일이 지나면 송달된 것으로 봄.

⑦ 공시송달 : 당사자의 주소, 근무 장소 등을 알 수 없거나 일정 조건에서 외국에 송달해야 하는 경우. 보충, 최후의 방법.

⑧ 민사소송규칙상의 특례 : 전화 등에 의한 송달, 변호사 간의 직접 송달.

### 송달 불능 사유

① 수취인부재 : 송달받을 자가 장기간 여행 중 또는 군입대로 복무 중이어서 현재 부재중일 때.

② 폐문부재 : 문을 잠그고 온 가족이 집에 있지 않을 때.

③ 수취인부재 : 봉투에 표기된 주소에서 수취인이 누군지 알 수 없을 때.

④ 수취거부 : 채무자가 수취를 거부할 때.

⑤ 주소불명 : 봉투에 '~동'이나 '~리'만 표시하고, 지번을 표기하지 않은 때.

⑥ 이사불명 : 수취인이 이사를 했는데 그 이사 간 곳을 알지 못할 때.

* 수취인불명, 이사불명, 주소불명 등의 사유로는 발송송달을 못함. 폐문부재는 가능.

**책 집필에 관한 사족 하나**

책 집필과 관련해서 여기에 사족을 하나 붙인다. 이 책 쓰기가 마무리되면 부동산 경매의 핵심 중 하나인 특수물건과 명도에 관한 책 쓰기를 시작할 예정이다. 그러고 나서는 이미 여러 차례 약속드린 '망한 경매 판에서 살아남기(=위험한 경매 시리즈 완결판)'를 쓰겠다는 독자들과의 약속을 지키겠다.

"부모님에게서 물려받은 재주 중 하나가 '글쓰기가 아닌가!' 싶어 감사한 마음으로 삽니다."
"경매는 경험이고, 글쓰기 재능은 물려받았다는 말씀이시죠?"
"독자분들이 경매 책을 쓸 생각만 하지 않으신다면 경매 고수는 얼마든지 될 수 있습니다."
"지금까지 몇 권 정도 쓰셨나요?"
"개정한 것까지 합치면 50권이 훨씬 넘습니다."
"대단하다는 말밖에 안 나옵니다."
"말씀드렸잖아요. 책 쓴다고 혼자 골방에서 컴퓨터 화면을 주시하며 책 주제 잡고 뼈대 세울 때가 예쁜 아줌마하고 커피 마시는 것보다 훨씬 재미있다고요."
"'망한 경매 판에서 살아남기(=위험한 경매 시리즈 완결판)'로 집필 일정은 끝인가요?"
"그럴 리가 있나요?"
"더 쓸 주제가 있다는 말씀이세요?"

"책 쓰기는 우물물 퍼내기와 똑같습니다."

우물은 퍼줘야 마르지 않듯, 책도 쓰면 쓸수록 주제는 늘어나고 표현은 다양해지며 내용은 깊어진다.

### 책 집필에 관한 사족 두 번째

"책은 쓸수록 쓸 것이 늘어난다고 말씀드렸지만 또 하나 있어요!"
"뭐가 또 있나요?"
"책 쓴다는 다른 분들 상황이야 제가 알 수 없지만, 저는 책 페이지 채우는 것이 그다지 어렵지 않습니다."
"책 페이지 늘리기가 쉽지 않다고 하는 분들이 많은데요?"
"저는 책을 쓸 때마다 어떻게 하면 페이지를 줄일 수 있을지가 숙제고, 고민입니다."
"박사님은 권수라는 결과가 있으니 믿어드리겠지만, 동의하기 어려운 이야기입니다."

억지스러운 내용을 책에 집어넣으려 하지 말고, 무리해서 페이지를 늘리려 하지 말고, 욕심을 비우고 내용에 집중하면 독자들에게 정말 도움이 되는 책을 쓸 수 있게 된다.

"책에 내용을 넣으려 하지 말고 빼려고 노력하라는 말은 말이야 쉽지, 쉬운 이야기가 아니라는 거 아시죠?"
"저에게는 그렇다는 말입니다."
"어떻게 하면 글을 잘 쓸 수 있나요?"
"처음부터 좋은 글 절대 안 나옵니다. 잘 쓰겠다고 거창하게 생각할 것 없이 그냥 쓰는 것부터 시작해보세요."

책 쓰기는 시작하는 것이 무엇보다 중요하다. 욕심을 버리고 쓰기부터 시작하면 된다. 책 쓰기에 관해서 더 해드릴 이야기가 있지만, 이 책의 주제를 완전히 벗어나기에 이쯤에서 멈춘다.

Part
04

# 저수지 배수로에 물려 있는 지분 낙찰받았다고요

# 01 저수지 기반시설에 물려 있는 지분을 낙찰받았다고요

**낙찰받은 지분 위에 설치된 농어촌기반 시설** [29]

---

29) 목포지방법원 2016-1052*[3]으로 낙찰받은 지분 위에 소재하고 있는 입찰 외 '**군 소유 밭기반정비사업저수조시설(시설용량 40톤)'의 실물 사진이다.

### 제정신이 아니거나 진짜 고수거나

'뭘 어떻게 하겠다고 이런 물건을 받았을까?' 하는 생각이 먼저 드는 것이 어쩌면 정상일 수 있는 물건이다. 속된 말로 죽기 아니면 까무러치기 아닐까?

"사진을 보더라도 어떻게 결론이 나든 낙찰자가 재산권을 온전히 행사하기는 어려워 보이는 물건입니다."

솔직히 표현하면 '미친 것 아니냐?'라는 소리가 저절로 나오는 물건이다.

"둘 중 하나겠죠. 제정신이 아니거나 초절정 경매 고수거나!"
"저는 후자라고 봅니다."
"지금 어떤 일이 벌어지고 있는 줄은 알고 편드시는 중인가요?"
"저도 처음에는 의심스러웠습니다."
"출구전략을 들었다고 하셨죠?"
"출구전략이 있는지, 아닌지에 따라 천당과 지옥문이 마주하고 있는 형국입니다."
"어쩌자고 그것도 재경매인 물건을 입찰했을까요?"
"아무리 소액이라도 답이 없이 들어갈 리 있나요?"

## 재매각물건·지분매각·일부 맹지·입찰 외·농지취득자격증명원

이 물건 경매정보지의 주의사항란에 이름을 올리고 있는 하자들이다.

"하자라고까지 말할 일은 아닌 것 같지만, 하자 백화점이네요."

"병아리들은 이 중 하나둘만 있어도 숨 막힌다고 하는 분들도 있는데요."

"다른 것들은 그나마 염려가 덜 되는데 재매각물건이라면 누군가가 입찰했다가 잔금 납부를 포기해서 재경매되고 있다는 거잖아요?"

"신경 쓰이는 주의사항인 건 맞습니다."

"낙찰가격을 살펴보면 먼저 낙찰받은 가격보다 더 높게 썼거든요."

"처음 낙찰 때는 2,493,000원이었는데, 재매각일 때 2,599,999원에 응찰한 것 맞습니다."

"그러고는 잔금 납부도 했고, 더 궁금해집니다."

"아는가, 모르는가의 차이인 듯합니다."

"당분간은 관전용으로만 알고 있겠습니다."

"맞는 자세인 것 같네요."

## 지장물 철거소송 제기해서 승소했다

전남 영암군 시종면 만수리 669-**외 4필지
[전체 638㎡ 지분 319㎡(96.5평)]

| 특이사항 | 입찰 외 **군 소유 밭기반정비사업저수조시설<br>[669-**, 101*-7 지상 (시설용량 40톤)] 소재 |
|---|---|
| 주의사항 | 재매각물건 · 지분매각 · 일부 맹지 · 입찰 외 · 농지취득자격증명원 |

### 농어촌공사 지역 책임자, 법무팀 소속 변호사 출동

"난리가 났겠네요."
"콘크리트로 만들어놓은 배수시설 조절 장치를 철거해달라고 하니, 거기를 철거해버리면 해당 시설물 전체를 못 쓰게 되고, 그렇게 되면 농민들한테 집단소송 당할 판인데 급하지 않을 수 없었겠죠."

측량해봤더니 낙찰받은 지분 일부 위에 사진과 같은 배수시설이 설치돼 있었단다.

"사진으로 보이는 지상의 저수조 지장물 철거소송을 제기했다고 하셨죠?"
"1심인 목포법원에서는 승소했답니다."
"그러면 정말 철거하게 되나요?"

법리적으로는 철거가 맞을지 모르겠지만, 이 경우에는 현실적으로 농민들의 이익도 고려해야 해서, 관할공사인 농어촌공사와 협의하라는 단서가 붙은 일부 승소였다.

"그것이 합리적이고 맞는 판결 아닌가요?"
"단서조항이 없는 판결이라고 해도 실행하기는 현실적으로 쉽지 않습니다."

철거소송 승소와 실제 철거 사이에는 태평양보다 넓은 간극이 있을 것이다.

"많은 분들이 혼동하는 부분입니다."
"승소한 것과 그것을 바탕으로 실행하는 것은 차이가 있다는 말씀이시죠?"

원고 측 변호사의 견해로는 철거하라는 판결을 충분히 받아낼 수 있다며 일부 승소한 1심 재판부의 결정에 불복하고, 2심인 고등법원으로 재판을 끌고 가보자고 했단다.

"2심으로 가더라도 승산 있는 재판이라고 합니다."

## 지분으로 96.5평짜리 2,599,999원 받아놓고 세 군데와 전쟁

현재는 농어촌공사, 불법으로 전봇대 설치한 한전, 그리고 지분권자를 상대로 분할소송이 진행되고 있다. 군사정권 시절이라면 아마 쥐도 새도 모르게 끌려갔을 것이다.

"더 말해 뭐 하겠어요!"
"당장 끌고 가서 초죽음을 만들어 포기 각서를 받게 하거나 아니면 정말 죽여 흑산도 건너 중국 쪽 서해안 바닷속 바위에 매달아 처박아버리고도 남을 내용입니다."

죽였거나 평생 불구를 만들어놓고도 남을 반국가 행위라고 생각할 수 있는 내용이다.

"지금이 정상이고 과거에 국가권력이 행한 행위가 불법입니다."
"말은 맞는데, 실감은 나지 않습니다."
"현재 진행은 어떻게 돼가고 있나요?"

판단은 독자 여러분들에게 맡긴다. 어떤 판단을 하시든 간에 2,599,999원에 낙찰받은 지목인 '전'인 지분 96.5평을 가지고, 약 1억 원짜리 농어촌공사 소유의 다른 땅과 맞교환하는 내용으로 대강 협의가 마무리돼 가고 있단다.

### 공유지분 독점경매 주말 집중반 수강자들의 목소리

"강변테크노마트에 있는 동호회 전용 강의장에 공유지분 독점경매 주말 집중반을 개설하셨다면서요?"

특수물건 중에서도 특수물건이라고 할 수 있는 공유지분, 독점경매반 개설을 통해 경매 좀 했다는 분들의 생생한 목소리를 많이 듣고 있다.

"요즘은 여기저기 경매 특수물건 처리반을 개설하고 있어 이제는 좀 식상해하시는 것 같아요."
"그런 분위기도 있는 것 같아요."
"대단한 비법이라도 천기누설 해줄 것처럼 광고해서 가보면 '돈 내라! 공동 투자하자'라는 식이고, 특수물건 설명은 뻥끗도 안 하는 곳이 많다고 하니까요."
"그 부분에 대해서는 제가 뭐라고 말할 입장은 아닌 듯합니다!"
"박사님의 주말반 강좌는 오래되고 호평이 자자해서 수강생분들이 부산, 제주에서도 오신다면서요?"
"그러기도 하지만, 오시는 분들의 내공이 장난 아닙니다."
"투자 내력이나 경험이 그렇게 많은 고수들이 굳이 주말 수업을 들으러 서울까지 오는 이유가 따로 있나요?"
"NPL을 포함해서 특수물건이라는 지분이나 분묘 있는 임야 등을 낙찰까지는 잘 받으시는데, 출구전략을 세우기 어렵다고 하는 분들이 많습니다."

 시골 땅이라는 것이 낙찰받을 때는 마음대로 낙찰받을 수 있을지 몰라도, 처분하려고 할 때는 마음대로 안 되고, 잘못 낙찰받은 경우에는 산값보다 더 싸게 팔려고 해도 안 팔리는 상태로 10년~20여 년 허송세월하는 경우도 흔하다.

"'공유지분, 독점경매반' 주말반 개강 첫 시간에 자기소개 시간이 있는데, 여기서 이런 말을 하는 분들이 두세 분은 꼭 있습니다."
"'공유지분, 독점경매반' 과정을 수강하면 이런 물건들의 해결책을 보여준다는 말씀이세요?"
"네, 그렇습니다."


### 야무지게 지분경매, 독점경매 공부를 해보고 싶은 분들께

"선생님 이 물건의 입찰보증금이 얼마인지 아세요?"
"아이고, 그걸 왜 물어보세요? 119,500원이잖아요."
"무슨 느낌 안 오시나요?"
"입찰보증금액이 애들 과자값이구나 하는 생각은 듭니다."
"제 말이 그겁니다. 애들 과자값으로 지분경매 공부 제대로 한번 해볼 수 있는 방법을 알려드릴까요?"

"무조건 받아먹겠습니다."

"이 물건을 검색하면 한 번 입찰했던 것으로 나오잖아요?"

"낙찰받았다가 골치 아프고, 입찰보증금도 애들 과자값 정도여서 마음 편하게 포기해버린 것 아닌가요?"

"지분경매 공부의 끝을 파 보고 싶으신 분들이 이 물건 1차 입찰 때 낙찰자라고 생각해보세요."

"저라면 쉽게 포기하지 않고 이것저것 다 해보겠습니다."

"제가 하고 싶은 말이 바로 그것입니다."

"박사님이 진행하고 있는 동호회 지분경매 강좌에 가면 이런 대목에 관해 기본 이상의 공부가 가능하다는 말씀이시죠?"

"우리나라에서 유일하게 진행되고 있는 특화된 지분 강좌라고 생각합니다!"


### 입찰보증금은 과자값, 항고보증금은 껌값

꼬마들 과자값 정도의 입찰보증금을 걸어놓고 속된 말로 갈 때까지 한 번 가보는 거다.

"낙찰받고 매각허가가 나오면 매각허가 취소소송, 매각불허가가 나오면 매각불허가 취소신청, 2심, 3심까지 가보는 것도 공부가 꽤 됩니다."

매각불허가나 매각허가 취소소송이 받아들여지면 입찰 때 제공했던 입찰보증금이나 항고보증금을 돌려받기 때문에 공부는 공부대로 하고, 수업료에 이자까지 붙여 돌려받는다.

"항고가 기각되면 그만큼 위험부담을 감수하면 그만이겠네요."

입찰보증금액이 소액인 지분물건으로 경매 전체를 공부해볼 수 있는 효과적인 방법이다.

# 02

## 뒤집어 해석하자고?
## 양날의 칼, 시청이 이사 간단다

**필자의 자부심, 《위험한 경매》 시리즈 6권**

세상사라는 것이 언제나 즐거운 일만 계속되고, 또는 우울한 일만 반복되는 경우는 드물다. 그래서 좀 잘나간다고 목에 힘줄 일 없고, 좀 어려운 시절을 살고 있다고 기죽을 일 없다고 생각한다. 좋은 시절, 어려운 시절이 씨줄 날줄로 얽혀 만들어지는 것이 인생이고, 부동산 경매 투자 또한 마찬가지가 아닌가 싶다.

필자가 부동산 경매를 시작한 지가 올해로 23년째다. 첫 직장이 경기도 성남에 있었던 대생상호신용금고(요즘의 저축은행)였고, 처음 간 경매 법정이 성남법원이었다. 호가제와 입찰제가 막 뒤섞여 경매가 진행되던 시절이었다. 그때부터 20여 년 동안 참 여러 경험을 했다.

지금도 부동산 경매를 시작만 하면 대박은 따 놓은 당상이라는 환상으로 시작하는 분들이 많다. 오늘도 시내 서점의 부동산 경매 서적 코너를 가보거나 인터넷 서점에서 '부동산 경매'를 검색해보면, 병아리 입문자들에게 환상을 심어주는 경매 소설(또는 대필된) 책들로 눈을 제대로 뜰 수 없을 만큼 황사현상이 심하다.

20여 년 이 판에서 살아본 필자의 경험에서 한마디 드린다면 양지만 있는 세상은 어디에도 없고, 성공이라는 한쪽 날개로만 나는 새를 본 적도 없다. 그래서 쓰기로 결심한 책이《위험한 경매》시리즈였고, 여러분들의 사랑에 힘입어 무려 6권을 쓸 수 있었다. 그 책을 통해 필자가 부동산 경매 투자자들에게 전하고자 했던 메시지는 지극히 간단했다. 세상이라는 것이 음양으로 이뤄졌다는 간단한 이야기를 하고 싶었다. 그리고 여러분들이 동감해주셨던 것이《위험한 경매》시리즈의 전부라고 생각한다.

### 경매 실패담의 종합 이야기책,《위험한 경매》시리즈 6권

부동산 경매 투자 실패담으로만 이뤄진《위험한 경매》시리즈를 여기서 언급하는 이유를 눈치 빠른 독자들은 아셨을 것이다.

"이 지분 투자 건은 실패한 건이라는 말씀이시죠?"
"손바닥도 마주쳐야 소리가 난다고 하잖아요?"

한쪽은 진지한데 저쪽은 별 관심이 없다면 게임이 지속되기 어렵다. 여주시청 청사 앞 도로로 사용되고 있는 지분 5.7평짜리를 낙찰받고 나서 여주시청에 매입하라고 연락을 했더니 웬걸, 첫마디가 매입하지 않는단다. 매입하지 않는 이유를 물었더니, 너무 오래된 현재 청사에서 새로 깨끗하게 지어진 신청사로 이사 간단다. 그래서 그 지분은 매입할 이유가 없단다. 아뿔싸! 낙찰자는 속된 말로 새 된 것이고, 닭 쫓던 개 꼴 난 것이다. 한마디로 땀 뻘뻘 흘리고 실컷 올라가보니 '이 산이 아니었네!' 딱 그 꼴을 당한 것이다.

### 진짜 경매 공부는 망한 투자에서 제대로 배운다

필자는 솔직히 독자 여러분들에게 금액이 작은 경매 낙찰 건에서 한두 건, 실패를 경험해보시라고 말씀드리고 싶다. 이런 말씀을 드린다고 돌 던질 일은 아니다.

"경매 물건에 투자했다가 까먹고 돌아설 때 배우게 된다는 말씀이시죠?"
"실패만큼 훌륭한 교과서가 또 어디 있겠어요?"

"경매하다가 실패해본 적 있으신가요?"
"없을 것 같아서 묻는 것은 아니시겠죠?"
"박사님은 실패가 없을 것 같아서 물어보는 건데요?"
"그럴 리가 있나요? 저도 지금까지 네 번 망해 봤습니다."
"네 번씩이나 잘못된 경매를 해보셨다고요?"
"왜 저라고 실패 한 번 없었을까요?"
"말씀해주시겠어요?"

이제는 다 지나간 이야기여서 못할 것도 없다.

### 필자가 경험한 네 번의 부동산 경매 실패 스토리

총 네 번의 실패 사례를 보면, 첫 번째가 서울 시내에 연립주택, 다세대주택을 한 동씩 지어 분양해서 그것을 바탕으로 종합건설회사를 설립하겠다는 야무진 꿈으로 시작한 빌라 신축사업에서 맛본 좌절이었다. 대지면적 60~80여 평대의 단독주택을 낙찰받아 잔금을 납부하고, 명도해서, 철거하고, 건축허가를 받아 건축해서 분양까지 해보면 경매만 하는 단조로움을 극복하고, 많은 경험을 할 수 있을 것 같아서 연립주택, 다세대주택 신축사업을 시작했다.

2002~2004년까지 약 3년간 이야기다. 여섯 번째까지는 순항하던[30] 빌라 신축사업이 일곱 번째 투자였던 은평구청 옆에

있던 물건에서 쓴맛을 제대로 봤다. 단독주택을 낙찰받아 명도하고 신축했던 굿모닝빌라가 분양이 극히 저조해서, 상당한 손해를 보고 손을 털었던 것이 첫 번째 경매 실패 사례였다.[31]

두 번째 실패는 엄밀히 이야기하자면 경매 투자하다가 손해본 것이 아니고, 2004~2006년 사이에 강남구 역삼동 충현교회 옆에서 부동산 중개업소를 운영하다가 호된 경험을 당했다.

세 번째는 2006~2010년까지 인천 서구 가정동, 석남동, 가좌동 일대의 소형 다세대 연립주택 100채를 낙찰받으러 들어갔다가 역시 호되게 당하고 말았다. 인천 서구 투자는 총 7개를 낙찰받고 손 뗐다.[32]

마지막 네 번째는 구로구 오류동에 있는 이 좋은집[33]이라는 주상복합 건물에 오피스텔 40개를 응찰했다가 13개를 낙찰받고 관리하다가 낙찰가격 이하로 털어내고 나온 것이 네 번째 망한 사례다.

---

30) 서울중앙법원 2001-1383*, 서울 동작구 사당동 419-93번지를 필두로 총 6건의 단독주택 낙찰 후 다세대주택 신축사업을 성공리에 진행했다. 하지만 일곱 번째 물건에서 쓴맛을 봤다. 참고로 사당동 다세대주택 이름은 '굿모닝빌'이다.
31) 서울서부지방법원 1999-4274*, 서울 은평구 녹번동 75-26으로, 녹번동 다세대주택 이름도 '굿모닝빌'이다.
32) 인천지방법원 2005-5568* 등 내가 대표로 있던 지엠알씨 명의로 9개를 낙찰받았다.
33) 서울남부지방법원 2006-3084*[45] 등 총 13개를 내가 대표로 있던 지엠알씨 명의로 낙찰받았다.

"각 스토리마다 하실 이야기가 많겠습니다."

실패에서 더 많은 것을 배운다는 것을 돈을 까먹으면서 깨달았다.

"그런데 투자했다가 경험하게 되는 것 중에서 가장 힘든 게 뭔 줄 아세요?"
"돈 잃은 거 아닌가요?"
"그것보다도 사람 잃은 것이 훨씬 아픕니다."
"떠나가지 않으면 이상할 것 같아요!"
"돈 잃고 사람 잃고 난 후에 보이는 세상이 아마 지옥하고 비슷하지 않을까요?"
"네 번이나 경험하셨다는 말씀이시죠?"

누구 탓할 일 아니다.

### 작디작은 지분 5.7평 위치만 보고 낙찰받았다 [34]

다시 본론으로 돌아가보자.

---

34) 여주지원 16-1079*[3]으로, 전체 지분 중 3/20을 당초 감정가격 7,106,400원일 때 1차에 8,568,150원(120.57%)에 호기롭게 응찰했다가 쓴맛 제대로 보고 돌아선 투자 사례다.

"위치는 진짜 애 먹이기 딱이네요."

"누가 봐도 혹할 위치잖아요?"

경기도 여주시청 앞 인도에 접해 있는 지분면적 5.7평이다.

"여주시에 매각할 전략으로 낙찰받은 것 맞습니다."

"여주시가 청사를 신축해서 이사 갈 거라는 점은 몰랐다는 말씀이시고요?"

현재 시청사는 너무 비좁고 건물도 낡아서 신청사 후보지로 세 군데를 최종 결정하고서 마지막 선정 작업이 진행 중이란다.

"시청사 이전 계획은 상당히 오래전부터 있었던 이야기 아닌가요? 여주 사람들은 거의 다 알고 있는 뉴스도 아닌 이야기였는데요?"

"몰랐습니다. 게을렀던 거죠. 그래서 대가를 치렀고요."

### 포기는 빠를수록 좋다는 병서(兵書)의 말씀

관공서가 이전하면 기존 국유재산 또는 시유재산(토지, 건물) 등은 처분계획에 따라 매각하거나 임대 또는 상황에 맞게 활용하는 것이 보통이다. 기존의 여주시청이 옮겨가고 생긴 자리는 시민을 위한 광장과 공원으로 조성할 계획이었다.

"낙찰자가 고가로 매각하려고 낙찰받은 사실을 시에서 알았다면 어떻게 나왔을까요?"

"알고 있었습니다."

"시 입장에서는 청사 이전계획을 무기로 역공을 하지 않았을까요?"

"우리도 그 점이 가장 우려스러웠습니다."

"시가 착했나요?"

"착하기도 했지만, 지분이 사실상 도로로 사용되고 있었는데, 시 입장에서는 장기간 사용한 것이 문제가 될까봐 서둘러 마무리해줬다는 것을 매각하고 나서야 알았습니다."

"잽에 이어 결정타를 맞으셨네요."
"세세히 살펴봐야 할 이유입니다."

## 시청이 민원을 줄이려 노력해줬다

시 측에서도 지금은 도로로 사용되고 있지만, 시청사 이전 후에 광장으로 조성될 부지에 작은 사유지가 존재하는 것은 나중에라도 민원이 발생할 소지도 있어 낙찰받은 가격에 매입해줄 수 있다는 연락을 해왔다.

"그마나 다행이셨겠네요?"
"다행 정도가 아니죠."
"앞뒤 더 따지지 못했겠네요?"
"미련 없이 던졌습니다."

소유권이전비용까지 900여만 원 투입했다가 5개월여 만에 여주시에 880만 원에 매각하고 손 뗐다.

## 03
## 매입해드리고 싶지만 예산이 없는데 어떻게 하냐고요

**면적은 크지 않지만 상대의 목을 누르고 있는 형국** [35]

35) 광주지방법원 2016-529**, 지목은 전이고, 총 면적은 129.2평으로, 당초 감정가격은 58,072,000원에서 1차 유찰 후 42,990,000원에 낙찰받았다.

### 사업시행 시 기부체납을 받고 진행해야 했다

앞의 여주시 사례와 마찬가지로 상대는 광주광역시 모 지자체였다. 그러나 결과는 완전히 달랐다.

지적도를 잘 보면 하단에 동광주**교회가 있는 것을 볼 수 있다. 이 교회의 신축허가를 내줄 때 당시 담당공무원이 이 도로 부분을 기부체납을 받고 진행해야 했는데 그 부분을 놓쳤다. 고의든, 실수든 과실이 있었다면 담당공무원은 징계대상이 될 수 있다. 그러나 해당 담당공무원은 정년으로 퇴직한 지 한참 지나 책임을 물을 수 있는 대상이 없어진 상태에서, 진입로가 경매로 소유자가 바뀐 것이다.

"책임질 사람은 없지만, 행정행위에 대한 책임은 지자체도 져야 한다는 말씀인가요?"
"고의든, 실수든 잘못된 행정행위에 대해서는 지자체도 책임을 져야 합니다!"
"이 길이 막히면 교회가 문제가 된다는 말씀처럼 들립니다."
"교회만 문제가 되는 것이 아니라 등산로로 이용되고 있는 통행로여서 여러 사람이 피곤해지죠!"
"통행로를 막으면 문제가 되지 않나요?"
"사안에 따라 다르지만, 일방적으로 처벌하지는 못합니다."
"다른 사례도 있다고 하더라고요!"

## 수용 예산도 없는데 매입해야 하는 지자체

이 사진은 문제의 발단이 된 플래카드로, 해당 지자체 명의로 사유지 통행금지를 알리는 내용이다. 지분을 낙찰받은 지분권자와 지자체 사이에서 또 다른 한 판 멋진 진검승부가 시작됐다.

"이 플래카드도 해당 지자체가 내건 것이 아니라는 말씀이시죠?"
"허가 없이 걸어놓은 플래카드도 강제철거하는 마당에 해당 지자체가 이런 안내 플래카드를 내걸 이유가 없죠."
"마찬가지로 통행하는 인근 주민들에게서는 항의 전화가 빗발쳤을 거고요!"

사진의 하단을 보면 심술 맞게도 통행하지 말라고 펜스까지 설치해놓았다.

"지자체 입장에서는 시급히 해결책을 찾아야 합니다."
"머리 좀 아팠겠습니다."
"그렇게만 생각할 일은 아니라고 봅니다."

"담당공무원과 해당 지자체가 공동으로 책임을 져야 한다는 말씀인 것은 알겠습니다."

잘못된 행정행위에 대한 책임은 져야 한다는 것이 법원의 확실한 입장이다.

제 목: 가드레일·가로등 철거요청(3차)

1. 귀청의 무궁한 번영을 기원합니다.
2. 저희 회사에서 2번째로 철거요청을 하니, 귀청에서 2017년5월24일 민원회신을 보내왔습니다.
3. 민원회신서에 가드레일은 2012년 "동■■■교회주변 도로정비공사" 시행 시 설치한 것으로, 가로등은 "■■고시2011-2호(2011.1.15.)"로 실시계획인가를 득하여 사업시행을 완료하였다고 왔습니다.
4. 귀청에서 회신한 1차 2017.5.12.일자와 2차 2017.5.24.일 회신서상에 일관성이 없이 다르게 회신하였습니다.
5. 귀청에서 회신한 내용에 따르면 "동■■■교회주변 도로정비공사" 시행과 "■■고시2011-2호(2011.1.15.)"로 실시계획을 득하여 정당한 것 처럼 회신하나, 불법으로 설치한 것입니다.
6. 단지 안전사고우려가 있다는 것으로 정당한 법절차를 위반할 수는 없습니다..
7. 소유권을 확보한 후에 사업을 실시하여 하는 것이 정당한 것 인데, 귀 청에서는 소유권 내지 권원확보 없이 불법으로 사업시행을 한 것입니다.
8. 국가에서 제일먼저 법을 지키면서 국민에게 따를 것을 요구해야 됨에도 불구하고, 국가에서 먼저 적법한 절차를 거치지 아니하고(불법) 사업 시행을 강행하였습니다.
9. 불법으로 해놓고 저희회사에게 보상운운하는 것은 이치에 타당치 않습니다.
10. 저희회사는 보상을 바라지 않으니, 국가에서 정한 지목인 "田"으로 원상회복(보도블럭 철거포함 저희회사토지 위 모든 지상물)을 해주시기바랍니다.
11. 첨부서류와 같이 귀청에서는 노란색부분(저희회사 소유토지)은 사용권원을 확보하지 않은 상태입니다.

[주] ■■투자

"국가나 지자체가 솔선수범해서 법을 지켜야 한다는 지적은 참 좋습니다."
"지금은 비교적 규정대로 잘하고 있지만, 과거에 규정이나 절차를 거치지 않고 시행했던 행정행위들이 시간이 한참 지난 지금에 와서 문제를 발생시키고 있는 것 같습니다."
"결론은 원상복구와 피해 보상으로 귀결이 되나요?"

사유재산이 인정되는 자본주의 국가에서 소유자와 행정청 사이에 합의가 안 되면 그렇게 되는 것이 당연하다.

### 이번에는 현재 담당자가 사실과 다른 공문을 보냈다

"저희 잘못도 있고, 매입도 해드리고는 싶지만 예산이 없는데 어떻게 하냐고요!"

수화기 저편 담당 책임 공무원의 안타까운 목소리가 고스란히 들려온다.

"과장님이 그렇게 애원할 일이 아닌데요?"
"대표님이 심하게 문제 제기하시면 담당이 징계당할 수 있거든요!"
"제가 바라는 것은 징계가 아니지만, 잘못이 있었으면 합당한 징계도 당연한 것 아닌가요?"
"저희도 대표님 문제 제기를 받고 나서 잘못됐다는 것을 인지하고 조사에 착수해서 면밀히 검토해봤습니다."
"결론은요?"

"대표님 지적이 일리가 있고, 우리 담당자가 놓친 부분이 발견돼 이렇게 전화를 드리게 됐습니다."

"그러시면 지자체가 사실과 다른 공문을 보냈다는 것은 인정한다는 말씀이세요?"

"저희가 이번에 다시 보낸 공문을 보시면 저희 불찰을 인정하고 있는 것을 알 수 있으실 겁니다."

"알겠습니다. 사과하신 걸로 알고 이 부분은 넘어가겠습니다."

### 팔은 역시나 안으로 굽는다

팔이 안으로 굽는다고 야단하시면 안 된다. 아무리 담당공무원이라고 해도 모두 다 체크하기란 쉽지 않다. 세상이 너무 복잡하다. 행정청에서는 기존 예산이 없었는데도 긴급 예산을 편성해서 매입해줬다.

"봐주기로 했다는 말씀이세요?"
"세상일에는 정도라는 것이 있습니다. 무슨 일이 벌어졌을 때 면밀히 살펴봐서 고의로 그랬는지, 아니면 실수였는지를 따져보고 상벌여부를 결정해야지, 무턱대고 야단부터 해대면 공무원들이 일 안 합니다!"

### 이번에는 한전을 상대로 전봇대 이전 요청

다음은 한전이 사유지에 무단으로 전봇대 등을 설치하면 불법이라는 것을 보여주고 있는 공문이다.

"낙찰받은 것이 2017년 1월 31일이고, 잔금 납부한 것이 2017년 3월 16일이었습니다. 이 공문을 받은 것이 2017년 6월 1일이네요?"
"공유**투자 법인이 한전에 공문을 보낸 것이 2017년 5월

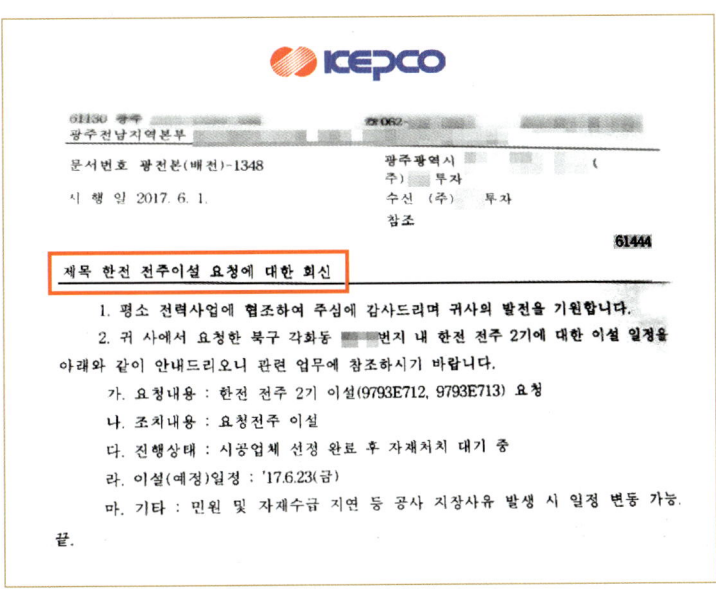

10일경이었습니다."

"낙찰받은 사람은 개인이고, 현재 지자체 등과 실랑이하고 있는 주체는 법인인데 무슨 이유가 있나요?"

매매를 통해 소유권을 바꿨다.

"그럴 이유가 있는지를 묻고 있습니다."
"말씀드린 적이 있는데 지분 투자를 잘하는 방법 중 하나가 법인 설립을 잘하고, 활용을 잘하는 것입니다."

뜬구름 잡는 식의 동문서답이다.

### 4,300만 원에 낙찰받아 1억 4,000만 원에 매각

광주광역시

수신 전*선 등 6명
(경유)
제목 민사소송 패소부지 등 토지매입계획 알림

1. 평소 구정발전에 협조하여 주셔서 감사드립니다.
2. 우리 구(區)에서는 민사소송인 부당이득금반환청구소송을 통하여 우리 구(區)가 점용·사용하고 있는 토지 등에 대한 손실보상을 진행하고 있는 바, 금회 귀하의 토지를 매입코자 하오니 토지조서 등을 확인 후 이에 의견이 있을 시 서면으로 2017. 11. 17.까지 의견서를 제출하여 주시기 바랍니다.
3. 보상절차는 「공익사업을 위한 토지 등의 취득 및 보상에 관한 법률」을 준용하여 진행되며, 기타 문의 사항은 ■■청 도시■■■■-6752)로 연락바랍니다.
4. 아울러 보상금 산정을 위하여 감정평가업자 1인을 추천할 수 있음을 알려드립니다.

  ※ 보상 절차(공익사업을 위한 토지 등의 취득 및 보상에 관한 법률 준용)
  : 보상계획수립 → 감정평가(2인 이상) → 보상금 산정(산술평균가) → 협의계약

붙임 1. 토지조서 1부.
     2. 의견서(서식) 1부. 끝.

광주광역시■■■■장

조사 결과 담당공무원의 착오에 의한 단순 실수로 판가름 나서 해당 지자체에서는 어쩔 수 없이 긴급 예산을 편성해서 매입해줬다.

"매입 안 할 방법이 없었다는 말씀이시죠?"

"마지못해 매입해줬다고 보는 것이 맞습니다."
"낙찰에서 매각까지 8개월 걸렸다고 하셨죠?"

2017년 3월에 잔금 납부하고, 매각은 2017년 11월 말에 했다.

"눈으로 보면서도 믿기 힘든 것이 사실이네요."
"수익률 계산은 스스로 해보시면 좋습니다."

### 유행처럼 번지고 있는 경매 특수물건 책에 관한 단상

　일반적인 지분물건을 설명하는 책을 본 분들 입장에서는 그렇게 생각이 드는 것이 어쩌면 당연할 수도 있다. 책을 쓰는 사람이 이런 말을 하는 것은 위험할 수 있지만, 시중에 나와 있는 그렇고 그런 경매 관련 안내서들 중에는 영양가 없는 책들이 부지기수다.

"지분물건이 특수물건이라고 잔뜩 겁만 주고는 속으로 들어가 보면 내용은 없는 책들이 있다는 말씀에 공감합니다."
"관련 판례들로 도배질 해놓은 책들을 보면 심하다는 생각을 하지 않을 수 없고, 미안하지만 이런 책들은 독자들에게 별 도움이 안 되는 게 맞습니다."
"왜 그런 일이 발생할까요?"

"간단합니다. 지분물건이든, 법정지상권 물건이든, 토지 별도 등기 물건이든, 유치권 있는 물건이든, 편저자라는 분들이 스스로 투자해보지 않고 책상에 앉아서 남의 이야기를 모아 페이지를 채우고 책을 쓰려니 그렇게 되고 마는 거죠."

"그런 면에서 보면 박사님은 우리나라 경매 판에서 참 특이한 존재이신 게 맞습니다."

"저 같은 사람 한둘 있어도 나쁘지 않습니다."

"쓰신 책은 거의 다 읽어 봤고, 또 경매 책 중에 박사님 책을 많이 샀습니다."

"그렇게 말씀하시는 분들이 많으세요."

이 책의 독자들에게 한 말씀 드린다. 지금 시작한다고 급할 거 하나 없다. 오히려 서둘러 좋을 일 하나 없는 판이 이 판이다. 남들 얼마 벌었다는 말에 귀를 기울일 필요도 없다. 작은 것부터 직접 경험해보시기 바란다. 직접 투자만큼 좋은 선생이 따로 없다. 한 건에 100만 원짜리라도 실제 판이 벌어지면 누구라도 최선을 다하게 된다.

# 04
## 지분 일부는 도시계획도로, 일부는 전통시장 통행로

**일부는 도시계획도로, 일부는 전통시장 통행로** [36)]

"지적도상 모양이 특이합니다."

지적도에서 위쪽 사거리 도로에 붙은 부분이 도시계획시설 도로이고, 골목 안쪽 부분 일부는 전통시장 통행로다.

"이런 물건의 처리 방법이 궁금합니다."
"많은 분들이 그런 생각을 하시죠."
"어떻게 처리하시나요?"
"알려드릴까요?"
"알려주세요!"
"싫은데요."

---

36) 서울 남부지방법원 2016-132**번이다.

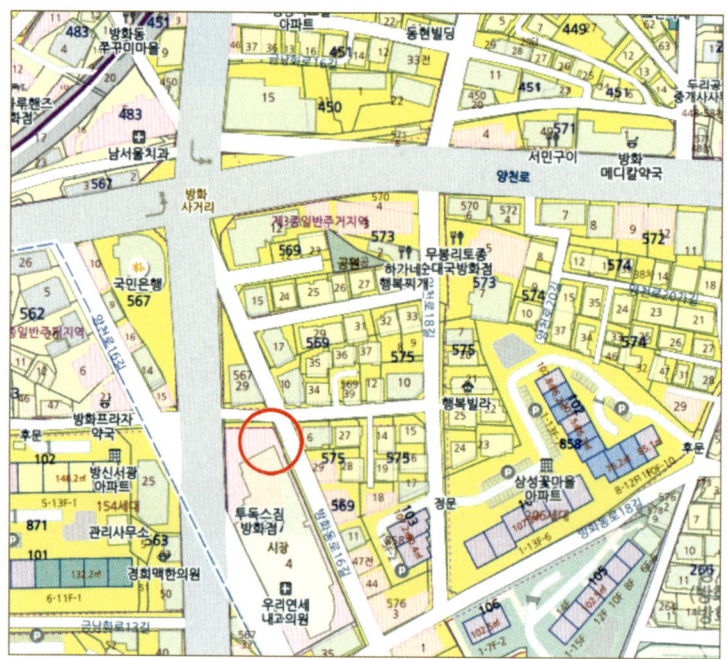

"그러지 마시고 알려주세요."

"세 가지 전략이 필요합니다."

"전부 말씀해주시겠어요?"

"먼저 낙찰 등으로 지분을 차지한 다음, 나머지는 현물이나 현금으로 분할하거나, 그리고 나서는 매각하는 방법입니다."

"형식적 경매를 한다고 해도 최종 매입은 지자체가 하게 된다는 거 아닌가요?"

"이런 경우는 그렇게 되는 것이 보통입니다."

"해당 지자체가 매입하지 않겠다고 하면 어떻게 되나요?"

"절차를 통해 매입하게 만들면 됩니다."

길이 없다고 좌절하지 말고 길을 만들며 전진하라는 이야기다.

"이 물건의 투자 핵심 포인트는 서울시가 버티고 있어줘서 가능합니다."
"지자체들도 점차 이런 일들로 골치가 더 아플 것 같아요."
"국가기관이라면 앞장서서 사유재산을 보호하고, 규정대로 행정 처리해야 할 의무가 먼저입니다."
"원론적인 이야기를 하실 때가 아닌 것 같은데요?"
"다시 말씀드리지만 서울시나 지자체가 고집 부리기 어렵습니다."
"이 대지는 현황상 도로 이외 다른 용도로 사용하기 어렵잖아요."
"그 점이 강점이죠."
"치명적인 약점일 것 같은 대목이 장점인 것처럼 들립니다."

### 병아리들은 접근하기 무서울 수 있는 도로지분

| 소재지 | 서울 강서구 방화동 5**-3 | | | | |
|---|---|---|---|---|---|
| 경매구분 | 강제경매 | 채권자 | ㈜국민행복기금 | | |
| 용도 | 도로 | 채무/소유자 | 남**/남** 외 35 | 매각기일 | 2018.04.25 변경 |
| 감정가 | 150,450,000원 (2016.11.24) | 청구액 | 114,653,936원 | 종국결과 | 2018.05.03 배당종결 |
| 최저가 | 39,439,000원 (26.2%) | 토지면적 | 전체 770㎡ 중 지분 51.0㎡ (15.4평) | 경매개시일 | 2016.11.18 |
| 입찰보증금 | 10~30% | 건물면적 | 0.0㎡(0.0평) | 배당종기일 | 2017.02.20 |
| 주의사항 | 재매각물건 · 지분매각 · 법정지상권 · 입찰 외 | | | | |

경매 목적 대지 지분은 총 770$m^2$중에 51$m^2$이고, 당초 경매 감정가격은 150,450,000원이다. 감정가격 대비 26.2%까지 떨어진 39,439,000원일 때, 48,312,500원 단독 응찰로 최고가매수인이 됐다.

### 서울시가 가장 넓은 지분권자

부동산 등기부등본을 보면 1992년부터 서울시가 지분을 확보하고 있는 것을 알 수 있다. 이 점이 이 물건에 도전할 수 있게 해준 핵심 이유다.

"돈 많은 지자체가 버텨주고 있다는 점이 든든합니다."
"절반은 먹고 들어 간 걸로 보신다는 말씀인가요?"
"우리가 배고픈 게릴라이면 저쪽은 배부른 정규군입니다."

훈련의 양이나 각오가 당연히 다를 수밖에 없다. 지분 투자자는 이 문제만 전문적으로 공부하고 경험한 노장인 반면, 상대방인 담당공무원들은 순환보직으로 길어야 2~3년 근무하다가 다른 부서로 이동한다. 전문성을 갖추기가 원래부터 어렵다.

"대강 알아서는 전문가한테 당하고 맙니다."

**참고사항**

① 현황은 도로이나 일부는 '방*전통시장' 건물 내 시장점포 용지로 이용 중임.
② 이 건 남측 약 절반 정도의 토지상에 골목시장 형태의 '방*전통시장' 건물이 있음
   (건물 개요 : 철골조 렉산지붕 단층, 폭 약 6m, 높이 약 12m, 길이 약 220m).
③ 토지만 매각. 토지 위에 매각에서 제외되는 제시외건물이 있으며, 지상 건물을 위해 관습법상 법정지상권이 성립할 여지가 있음.

## 낙찰 후 전통시장 비 가림 시설 철거요구

앞의 지적도에서 보는 것처럼 위쪽은 6차선 대로고, 시장 쪽 골목에 연결돼 있는 지분이 사진으로 보는 것처럼 재래시장 천장에는 비 가림 시설이 설치돼 있다.

폭 6m, 면적 254평 중에, 낙찰받은 지분은 15.4평이다. 이 땅을 덮고 있는 천장 시설은 강서구 방화동에 있는 방*전통시장이다.

"길이 없으면 만들면서 전진하라고 하셨죠?"
"아니면 방법이 없는데요."
"이런 물건에 도전 안 하시면 되잖아요?"
"이 상태로만 보면 개인이 어떤 해결책을 만들기가 쉽지 않다는 것을 압니다."
"해결책이나 법리를 모르는 사람들이 들으면 미쳤다고 하겠죠."

### 한쪽으로는 철거요구, 한쪽으로는 공유물분할청구소송

이 물건은 서울시라는 든든한 우군이 있어 복잡하지 않다. 천장을 보면 비 가림 시설이 돼 있는데, 이것이 정글에 길을 만들어가는 든든한 중장비다. 낙찰 후 서울시(관리공단)에 비 가림 시설 철거를 요구하는 공문을 보냈단다.

"철거해달라고 요청해도 실제 철거는 하지 못합니다."
"아시면서 억지 부리는 건가요?"
"억지가 아니라 길을 만들어가고 있는 중입니다."

"길이 아니라 수렁에 빠져들고 있는 것 같은데요?"
"그렇게 보일 수도 있지만, 결과를 보면 생각이 달라질 것입니다."
"지분물건의 위치를 특정할 수 있나요?"

지분물건의 특징 중 하나가 구체적인 위치를 특정할 수 없다는 것이다. 그 점이 지분경매의 장점이 되기도 한다. [37]

### 위치를 특정할 수 없다는 것의 즐거움

"위치를 특정하지 못하니 전체를 경매로 넣어서 비율대로 배당을 받아가겠다는 논리가 성립되고, 이를 바탕으로 현금분할청산을 하게 됩니다."
"'분필 가능한 토지는 분필할 수 있다'라는 규정이 임의규정이라고 들었는데, 무슨 말인가요?"

말 그대로 분필할 수 있는 토지는 필요에 따라 분필할 수 있지만, 반드시 해야 하는 것은 아니라는 말이다.

---

37) 제262조(물건의 공유)
　① 물건이 지분에 의하여 수인의 소유로 된 때에는 공유로 한다.
　② 공유자의 지분은 균등한 것으로 추정한다.

"서울시가 규정을 지키지 않고 있다는 거죠?"
"이 물건의 경우는 29년째 방치하고 있었습니다."
"가능한 이유가 뭘까요?"
"길을 만들어 뚫고 나가겠다는 임자를 아직까지 못 만나서 그렇다고 봅니다!"
"권리 위에 잠자지 않겠다는 선구자가 나타났네요."

그동안은 권리주장을 하는 사람이 나타나지 않아 국가나 지자체가 관련 규정을 어기고도 모른 척 이익을 취해온 것이다.

"그래서 여기저기 민원도 넣고 있는 중입니다."
"응할까요?"
"응할 겁니다. 불법을 지속했다가는 담당공무원까지 문책시킬 수 있습니다."
"담당자들이 무서워서라도 규정대로 한다는 말씀이시죠?"
"솔직하게 말해 어차피 자기들 돈도 아니고, 예산으로 하는 행정행위인데 자기들이 책임질 일을 묵인하겠습니까?"
"듣고 보니 길이 있는 것 같습니다."

### 매각 목표가격은 경매 감정가격

"소유권이전비용까지 5,000만 원이 들어갔다고 보고, 경매 감정가격이 1억 5,000만 원이니 목표대로라면 원금 대비 3배는 되네요."

1년 내로 마무리하는 것이 목표다.

"1년 내로 털고 나오는 것이 가능할까요?"
"보여드릴 자신 있습니다. 두고 보자는 사람 치고 무서운 사람 별로 없다고 하지만, 두고 보시면 아실 겁니다."
"두고 보겠습니다."

## 05 깔끔하기만 한 '공유물분할청구의소' 실물

### 필자가 지분 고수로 존경하는 선생의 투자 사례 [38]

---

38) 서울동부지방법원 2008-458**이고, 전체 토지와 건물 면적을 보면 대지 114㎡, 건물 66.1㎡ 중 토지와 건물의 지분 1/3이 경매 목적물이고, 구체적인 지분 면적을 보면 대지 38㎡(11.50평), 건물 22.0㎡(6.67평)이다.

분할청구소송의 내용을 보면 다음과 같다.

* 원고 1에게 1/300,
* 원고 2에게 33/300,
* 원고 3에게 33/300,
* 원고 4에게 33/300,
* 피고 1에게 100/300,
* 피고 2에게 100/300으로 분할해달라는 요지다.

지분경매로 소유권을 취득하고 난 후 이 책의 공저자인 최 선생이 원고 1이고, 공유물분할청구소송을 통해서 이전받고자 하는 면적이 전체 대지($114m^2$)와 건물($66.1m^2$)의 각 1/300인 대지 $0.38m^2$(약 0.115평), 건물 $0.22m^2$(약 0.06평)이다.

"'이렇게 쪼개서 어디다 쓰려고?' 하는 탄식부터 나오게 되네요."
"지분 고수의 숨어 있는 실력 2%를 보고 계시는 거죠."

독자 여러분은 지분 고수의 차원이 다른 투자 한 수를 보고 계신다.

"뭐가 있는 건 분명한데 그 의미가 병아리들에게는 아직 보이지 않을 수 있습니다."

"따라 할 엄두는 부리고 있습니다."

"사람은 어느 때에 누구를 만나게 되는가에 따라 그 인생의 방향이 달라지는 경우를 자주 봤습니다."

"지금이 그렇다는 이야기시죠?"

"한 수 제대로 배우는 즐거움에 거듭 감사할 따름이죠."

"즐거울 것 같습니다."

"누군가에게 의미 있는 존재로 기억에 남는다는 것이요."

"의미 있는 존재인지는 시간이 지나서야 알게 되는 것이 보통인데, 지금 그 의미를 안다면 아는 사람도 귀한 존재일 것 같습니다."

"서로 아끼고 애쓰고 노력하는 사이로 서로의 키가 커져간다면 행복한 일입니다."

### 참 깔끔하게 써진 공유물분할청구의소 소장

"저도 책을 쓰고, 글을 쓰는 사람이지만 참 깔끔하게 핵심을 딱 바로 누르는 멋진 글입니다."

"말 많이 하지 않고, 말 길게 하지 않고도 전하고자 하는 핵심은 얼마든지 전달하고 있다는 말씀이시죠?"

"고수와 하수의 차이가 여실히 드러나는 대목입니다."

"이게 청구원인(또는 청구이유)의 전부인가요?"

"짧지만 할 말은 다 포함시켰다고 생각됩니다."

"박사님이 서류에 밑줄 친 부분을 보면 '건축법 제49조(토지의 분할) 규정에 의거, $60m^2$ 이하의 분할은 금지'라고 돼 있는

> **청구원인**
>
> 1. 원고와 피고는 별지 목록 기재의 대지 및 건물을 2009. 03. 05 서울동부지방법원 2008타경 4**호 사건을 통해 금 일억 칠천이백오십만 원에 낙찰로 인해서 현재 위 부동산의 공동 소유인이 돼 있습니다.
> 2. 원고는 피고 간에 공유물분할을 할 수 없다는 특약을 한 바도 없으며, 원고가 피고에 대해서 그 동안 여러 차례 위 공유물에 대한 분할을 청구했음에도 피고가 정당한 사유 없이 원고의 분할청구에 전혀 응하지 않고 있습니다.
> 3. 그런데 원고의 청구대로 이 건 건물을 분할하는 데는 현실적으로 건물을 분할할 수도 없음은 물론이고, 토지 분할에서도 <u>건축법 제49조(토지의 분할)의 규정에 의거, 60㎡ 이하의 분할은 금지</u>돼 있어 <u>분할이 현행법상 불가능</u>하므로, 원고가 이 건 부동산을 타에 매각해서 그 대금을 서로 <u>균등하게 분할하자고</u> 수차에 걸쳐 요구했음에도 피고가 응하지 않습니다. 때문에 이 건 건물과 토지를 함께 경매해서 그 대금을 각각의 지분씩 분할하는 것이 최선의 방법이라 할 것입니다.
> 4. 따라서 원고들은 피고가 원고의 청구에 응하지 않고, 민법 제269조 규정(공유물분할의 방법)에 의거, 재판에 의한 분할방법은 현물분할의 원칙이나, 다만 현물로 분할할 수 없거나 분할로 인해서 현저히 그 가액이 감손될 염려가 있을 때 한해서 재판상 분할이 허용되므로 부득이 재판상의 분할을 청구하기에 이른 것입니다.

데, 분할청구소송장에는 $0.38m^2$(약 0.115평)로 분할해달라는 것은 모순인 것 같아요."

"그렇게 이해하시면 오해입니다."
"오해라고요?"
"네, 청구취지나 청구원인을 잘 보시면, 면적으로 분할해달라는 것이 아니고, 지분 전체가 경매로 낙찰돼 배당이 실행될 때, 지분만큼인 배당금액의 1/300을 돈으로 배당해달라는 것입니다."

"아 그렇군요!"
"이해되셨나요?"
"다시 궁금해지는 것이 하나 더 있습니다."

"대지를 기준으로 1/300인 0.38$m^2$(약 0.115평)도 부동산 등기부에 등재가 되는지가 궁금하시죠?"

"그렇습니다."

당초 지분물건에 응찰할 때 면적을 기재하면 등기부 등재는 얼마든지 가능하다.

"입찰명의자가 4명인 이유가 있나요?"

현재는 법원규정에 따라 지분물건의 경매 사건에서 등기부상 공유자에게 허용하는 공유자우선매수청구권을 행사할 수 있는 기회를 1회로 제한하고 있다.

**이 물건 우선매수권행사 제한 문구**

| 물건번호/면적(㎡) |
|---|
| 물건번호: 단독물건<br>* 대지 : 38.0/114.0(11.50평)<br>* 가격 : 291,979,500원<br>* 건물 : 22.0/66.1(6.67평) / 이상입찰지분 1/3(이** 지분)<br><br>* 공유자우선매수권 행사 제한 |

### 공유자우선매수청구권을 피하는 묘수

"작은 면적만으로도 지분권자의 모든 권리 행사가 가능합니다." [39]

"등기부상 면적의 최소 규제는 없다는 것은 이해했습니다."

"정리를 하면 등기부상 등재 면적에는 최소 규제가 없고, 필지로 분할할 때는 최소 면적 이하로의 분필은 불가능하다는 것으로 정리하면 되겠네요."

필지 분할과는 다른 개념이다. 등기부상 공유자에게 인정되는 공유자우선매수청구권 행사 횟수 제한을 회피하기 위한 합법적인 방법이다.

"앞에서는 지분권자가 되면 누릴 수 있는 즐거움을 이야기해주시더니, 이번에는 공유자우선매수청구권 행사의 횟수 제한을 피하는 합법적인 방법을 알려주시네요."

---

39) 제263조(공유지분의 처분과 공유물의 사용, 수익)
　　공유자는 그 지분을 처분할 수 있고 공유물 전부를 지분의 비율로 사용, 수익할 수 있다.

### 지분물건에서 과실(임대료 등)이 발생하는 경우

지분으로 낙찰받은 물건에서 임대료나 지료 등이 발생하고 있는 수익성 부동산인 경우에는 그 과실을 나눠 달라고 할 권리가 있다. 대표적으로는 양어장, 양계장, 양돈장, 목장, 과수원, 염전, 야외주차장, 임산물이 채취되는 임야 등이 그것이다.

"이런 경우에는 사실은 과실 금액 자체가 그리 크지 않습니다."
"그런데 경우에 따라서는 그 자체가 목적일 수도 있지 않을까요?"
"분할 등의 목적을 달성할 수단으로는 효과적으로 사용되는 경우가 더 많은 것 같습니다."

지분물건에서 수익(성)이 발생하는 경우에는 또 하나의 무기가 마련된다는 것으로 이해하면 좋을 듯하다.

# 06
## 지분 부동산도 선수끼리 만나면 훨씬 쉽다

**고속도로 휴게소 직원들이 주차장으로 사용하는 지분임야** [40]

"고속도로 휴게소 직원들이 주차장으로 사용하고 있던 땅이라고 하셨죠?"

"네, 고속도로 휴게소 직원들이 주차해놓고는 임시통로를 만들어서 휴게소로 출입하고 있습니다."

"월 주차장으로 사용해도 좋겠네요?"

"어떤 경매 물건이든 이슈를 접하고 있으면 여러 가지로 유리합니다."

"낙찰가격이 평당 24만 원 정도네요?"

---

[40] 여주지원 2016-823**, 중부고속도로 통영방향 이천휴게소 후미에 접한 임야로 354.8㎡(107.3평)가 당초 법원 경매 감정가격은 45,034,200원이었고, 응찰가격은 25,590,000원(56.82%)에 입찰해 낙찰받았다. 지적도를 보면 고속도로 휴게소와 붙어 있는 것을 볼 수 있다.

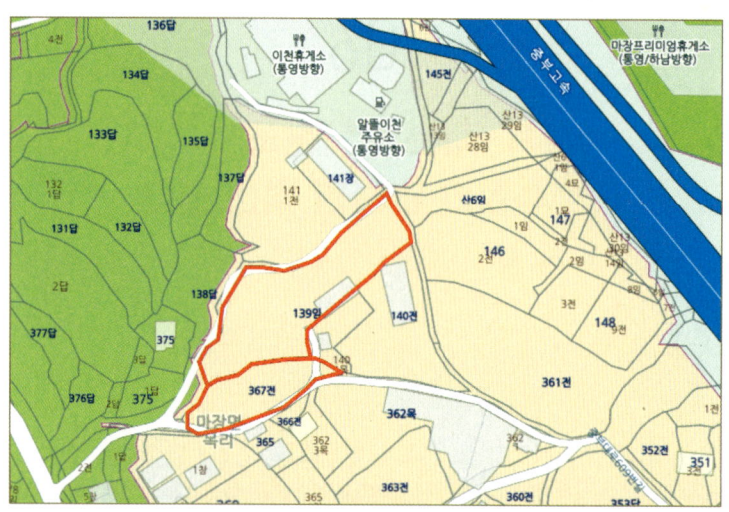

"평당 70만 원씩에 매각했습니다."

"70만 원 부르는데도 저쪽에서 수긍했나요?"

"처음에 저쪽에선 평당 53만 원 정도면 사겠다고 했습니다. 우리는 시세대로 평당 100만 원을 달라고 했고요."

"합의로 매각했다고 하셨죠?"

양자가 양보해서 평당 70만 원으로 정했다.

"시간은 얼마나 걸렸나요?"

"낙찰받아 매각까지 1년 걸렸습니다."

"1년이면 오래 걸린 건가요?"

낙찰로 소유권을 취득 후 협상을 병행하며 분할청구소송을 제기하고 마무리하기까지 1년이라면 지분 투자 물건으로는 얼마 걸리지 않았지만, 우리 기준에서는 좀 걸린 편이다.

"기존 지분권자들한테 팔았고, 잔금도 받았다고 하셨죠?"
"기존 지분권자들도 부동산에 관해서는 많이 알고 있어서 서로 편했습니다."
"협상은 원만했나요?"
"복잡할 것 없었습니다. 약점을 잘 알고 있다는 것을 상대방이 인지하고 있어서 어렵지는 않았습니다."

낙찰자는 공유자들의 약점은 알고 있었고, 공유자들 역시 협상에서 낙찰자들의 입장을 적당히 활용했다.

### 지분권자 와이프가 부동산 중개업자

"이런 이야기를 들으면 마구 궁금해져요."
"말씀해보세요."
"저쪽에 부동산 중개업자가 있었다고 하셨죠?"
"지분권자 쪽에도 선수가 있었는데 낙찰받은 사람한테 다시 사들일 거라면 왜 애초에 자기들이 경매 단계에서 공유자우선매수청구권을 행사하지 않았는지가 궁금하다는 말씀이시죠?"
"그걸 어떻게 아셨어요?"
"이 대목에서 하실 말씀은 뻔하죠. 그거 말고 뭐가 더 궁금하시겠어요?"
"아무튼 공유자우선매수청구권을 행사하지 않은 이유가 궁금합니다."

공유자가 총 8명이고, 상속이 두 번 된 물건이다.

"그게 무슨 상관인가요?"
"남의 가족 상황까지 관심을 가질 일은 아니라고 봅니다."
"무슨 말인지 대강 감이 옵니다."

### 여차하면 기존 지분권자들은 세금문제로 죽어버린다

"좀 더 비싸게 받을 수 있었는데 양보했다고 하셨잖아요?"
"공유자들의 약점을 파악하고 있어서 끝까지 우겼다면 평당 100만 원도 받을 수 있었습니다."
"하지만 70만 원도 대박 아닌가요?"

다른 사람들은 그렇게 생각할 수 있을지 몰라도, 공유지분권자들 입장에서는 100만 원도 받아들일 수밖에 없는 구조였다.

"아까부터 약점, 약점 하시는데 말씀 좀 해주시겠어요?"
"비싼데요."
"지분 투자자에게 피가 될 한 수만 들려주세요. 몰라서 드리는 부탁입니다."

"제목만 말씀 드릴 테니 나머지는 선생님이 더 공부해서 본인 것으로 만드세요."

"약속하겠습니다."

"상속을 받을 때 세금 계산 방식하고 경매로 소유권을 넘길 때 양도소득세 과세 기준이 다르다는 것은 알고 계시죠?"

"슬슬 복잡해지는 것 같은데요. 그리고 뭔가 덮쳐 오는 것 같은 불길함도 들고, 기분도 별로 좋지 않습니다."

"지분권자들이 지분의 일부를 경매당하고 난 후 경매로 소유권을 취득한 새 지분권자가 형식적 경매를 신청해서, 2차로 당하게 되는 형식적 경매로 가액분할을 해서 현금으로 나눠 가지게 되면, 경우에 따라서는 막대한 금액의 양도소득세를 부과받는 문제가 발생합니다."

### 배보다 배꼽이 더 클 수 있다

"잘못하다가는 배보다 배꼽이 더 클 수 있다는 말인가요?"

이 문제는 다른 사람들은 잘 몰라도 되는지 모르겠지만 지분경매, 독점경매 투자자라면 반드시 알아둬야 할 내용이다. 지분을 낙찰받아 형식적 경매로 공격해 들어오는 새로운 지분권자들에게 기존의 지분권자들이 협상을 통해 일반 매매로 사들이는 것이 기존 지분권자들의 입장에서는 소나기를 피하는 방법이다.

"기존의 지분권자들을 살려주는 피난처입니다."
"뭔가 있는 것 같은데 나머지는 제가 알아서 공부하겠습니다."
"지분 투자를 하는 사람들이 가지는 핵무기입니다."
"몇 억 원짜리 한 수네요. 아, 이제야 완전하게 이해했습니다."
"선량한 지분 투자자의 설명을 기존 지분권자가 이해만 한다면 받아들이지 않을 이유가 없습니다."

지분을 낙찰받아 분할청구소송으로 하게 되는 형식적 경매 과정에서 이 점을 잘 활용하면, 지분 투자자는 기존의 지분권자들과의 이런저런 협상과정에서 상당한 우위를 점하게 된다.

### 묘지만 이장하면 평당 100만 원은 쉽게 받는다

중부고속도로 이천 IC에서도 가깝고, 주변 분위기도 고급주택 등이 계속 들어서고 있다.

"지상에 분묘가 있다고 하셨죠?"
"임야 등 지분물건에 투자하는 분들이 착각하는 것이 하나 있습니다."
"분묘기지권 이야기를 하시는 건가요?"
"교통이 편리한 수도권 인근 임야물건에 분묘가 없는 경우가 오히려 이상합니다."

분묘기지권이 성립하는 것을 전제로 투자 전략을 세우라는 이야기다. 지분물건 지상에 분묘가 있다고 해도 대부분의 경우 지분을 낙찰받은 투자자가 남의 묘지까지 직접 해결하는 경우는 그리 많지 않다.

"이장까지 하는 경우는 드물다는 거죠?"
"있을 수야 있겠지만 지분 투자자 목적은 낙찰받아 털고 나오는 것이지, 장례업자가 되는 것은 아닙니다."

그런데도 경매정보지상의 주의란에 분묘기지권이라는 말이나 사진 등에서 나타나는 분묘에 깜빡 넘어간다.

"그런 것 같아요. 특히 '소유자 미상의 분묘 수기 있음' 이런 문구를 보면 밥맛이 싹 달아납니다."
"이런 잘 따라오시더니 마지막에 저를 실망시키시는군요. 그게 아니라니까요."

'분묘기지권 성립 여지 있다'라는 법원 경매 기록이나 경매정보지상의 문구가 지렛대일 수 있다는 설명은 고수나 하는 말이고, 병아리에게는 밥맛이 달아나는 이야기로 들릴 수 있다는 것을 잘 안다. 솔직한 표현이다.

Part 05

# 아프리카 대머리 독수리와 지분경매 투자자는 형제

# 01
# 아프리카 대머리 독수리와 지분경매 투자자의 공통점

**기다림의 미학이 필요한 지분물건**

아프리카 대머리 독수리와 도로지분경매 투자 물건, 이 둘의 공통점은 '감 떨어질 때'까지 끈기 있게 기다릴 줄 알고, 기다려야 하는 경우도 있다는 것이다. 즉 시간과의 싸움이 될 수도 있다. 지분 투자의 묘미가 바로 여기에 있다. 투자하고자 하는 물건이 아파트든, 다가구주택이든, 임야든, 부동산 종류는 지분 투자자가 투자를 물건을 선정하는 데 아무런 문제가 되지 않는다. 또 면적이나 크기 위치 등도 투자 가치에 별다른 문제가 될 것이 없다. 어떤 종류의 부동산이든 아무리 작은 지분이라도 일단 지분만 확보하면 전체를 좌지우지하는 데는 시간문제일 뿐이라는 말씀은 이미 드렸다.

## 도로지분물건의 단점을 알고 시작하자 [41]

지적도에서 보는 것처럼 이 물건은 지분물건에 도전하는 사람들이 흔히 보게 되는 물건이다. 즉 도심 주택가 골목으로 사용되고 있는 지분이다. 이 물건의 특징은 이미 골목도로로 사용하고 있어 별다른 사정이 없는 한 통행자들의 통행을 일방적으로 막거나 차단하기는 어렵다. 따라서 투자자 입장에서는 투자에서 마무리까지 '시간이 오래 걸릴 수 있다'라는 문제가 발생할 수 있다.

지적도를 봐도 다른 방법으로 개발할 수 있는 가능성도 그

---

41) 인천지방법원 2016-5036**, 지목은 도로고, 이용 현황도 도로다. 전체 68.3$m^2$ 중에, 지분 1/2인 34.2$m^2$(10.33평)가 경매 대상이고, 당초 감정가격은 12,498,900원일 때 세 번 유찰로 최저가격이 4,287,000원(인천지방법원 저감율은 1회 유찰 때마다 30%씩 저감된다)일 때, 6,149,999원(낙찰가율 49.20%)에 낙찰받았다.

다지 높지 않다. 지분물건은 다른 지분권자의 동의가 없으면 건물 신축이 불가능하다는 점도 재산권 행사에 많은 지장을 준다. 이쪽이 불편하면 저쪽도 비슷하게 불편할 것이다. 즉 인접지 다른 소유자나 지분권자도 불편하기는 마찬가지다. 그런 점이 이 같은 도로지분물건의 투자 포인트로 활용될 수 있다.

"문제를 뒤집어 보면 답이 있습니다."
"지금까지 많이 살펴본 임야나 묘지와는 다르게 접근하라는 이야기시죠?"
"특히 도로지분물건은 그 자체로는 확실한 활용전략을 세우기 쉽지 않습니다."

### 어떤 출구전략을 세워야 할까?

물건에 따라 출구전략을 달리 세워야 한다.

"그거야 새삼 말할 일도 아니죠!"
"말은 쉽지만 쉬운 일이 아닙니다."
"쉬운 일이 아니니 재미있잖아요. 대략적으로 설명해주시겠어요?"
"지적도를 잘 보시면 513-22, 3, 4번지는 이 골목이 막히면 통행이 불가능해집니다."

"그렇다고 해도 현실적으로 그렇게는 못하잖아요?"
"핵심 포인트는 다른 곳에 있습니다."

해당 지역이 재개발, 재건축 지역인지도 체크 사항이다.

"513-22, 3, 4번지 사람들은 당장 이용하기는 불편하지 않지만, 만약 집을 새로 지으려 할 때는 문제가 생깁니다."
"골목으로 사용되고 있는 지분권자 동의가 필수라는 말씀이시죠?"

문제는 시간이 오래 걸릴 가능성이 높다는 점이다.

### 현대판 봉이 김선달이 흉내를 낼 수도 있다

"예전에 대구의 한 주택 골목을 공매로 매입한 소유주가 골목 안 주택 8채 집주인들에게 '통행료'를 내라는 내용증명을 보낸 일이 있습니다. 신문에도 보도됐죠."
"통행료를 내라고 했다고요?"
"네, 원래는 밭이었던 그 일대를 한 건설회사가 사들여 개발했고, 주택부지는 주민들에게 나눠 매각했습니다. 주택 사이의 골목길은 건설회사 소유였지만 주민들이 무상으로 사용했습니다. 그러나 이 회사가 IMF로 부도가 나면서 등록세 등

1,700여만 원을 체납하는 바람에 대구 ○구청에서 자산관리공사에 의뢰해 공매를 부쳤던 거죠. 그 골목을 사들인 소유주는 자기가 산 가격의 3배를 내고 땅을 구입하든지, 월 이용료 2만 원씩을 내라고 주장했고, 자기 승용차로 골목길을 막기도 했다고 합니다."

"신문기사가 사실이라고 해도 참 어처구니가 없네요."

"지분권자가 골목을 사용하고 있는 주민들에게 지료 명목으로 통행료를 청구 징수해도 법적으로는 문제가 없습니다."

"주민들의 통행권보다 소유자의 재산권이 더 우위에 있다는 말씀이시죠?"

"자본주의 국가잖아요. 그리고 법원 입장도 가급적 사유재산을 더 보호하는 쪽으로의 판결이 많아지고 있습니다."

"그래도 주민들 입장에서 보면 분통이 터질 일이겠네요."

"그렇게만 보시면 안 된다니까요."

소유권자의 재산 가치도 고려해야 한다.

"그런데 통행료를 안 내면 차량 등으로 통행을 방해할 수 있나요?"

"그건 또 다른 이야기로 불법이 될 수도 있습니다."

"통행은 방해하지 말되, 통행료는 받을 수 있다로 정리하면 되겠네요? 통행료는 어느 정도가 합당한가요?"

"토지 감정가격의 6~8% 선이고, 이를 그 골목을 이용하는 주민들이 가구 수 또는 인원 수로 나눠서 연 단위로 청구가 가능합니다."

"주민들이 거부하면 어떻게 되나요?"

"소송으로 가겠죠!"

### 50%에 낙찰받아 100%로 통행료 청구

골목 지분 투자의 핵심 포인트다. 낙찰가로 통행료를 산정하는 것이 아니라, 다시 감정해 거기서 나온 감정가격을 기초로 통행료를 산정하는 것이 매력이다.

"이 물건도 감정가격의 반값에 받았는데, 통행료 산정을 위한 감정가격이 경매 감정가격과 비슷하게 나온다고 가정하면, 실제로는 12% 정도를 통행료로 받을 수 있다는 계산이 나옵니다."

### 정말 지료를 받기로 작정한다면

이처럼 토(대)지 사용료가 쟁점이 되는 경매 물건은 법정지상권 성립 여지 있는 물건과 도로다.

"지료청구소송을 해야 한다는 이야기시죠?"

"아닙니다. 많은 분들이 잘못된 권리분석 책을 읽고 하는 이야기가 지료청구소송이라고들 하는데, 지료확정소송을 하는 것이 정답입니다."

"어떤 권리분석 책에는 이 대목을 설명할 때 지료청구소송을 하라고 쓰여 있던데요?"

좀 과격하게 말씀드려 송구한데, 그렇게 쓰여 있는 시중의 다른 권리분석 책들은 그 책을 편집한 편집자가 법정지상권 성립 여지 있는 물건을 거의 한 번도 제대로 요리해보지 않고, 여기저기 인터넷에 흘러 다니는 남의 글을 모아서 무책임하게 편집해놓은 책이라고 봐도 무방하다.

"독자들에게 제대로 된 도움이 될 리 없는 책이라고 말할 수 있습니다."

차라리 대한법률구조공단 사이트 등에 들어가서 관련 해설이나 판례를 읽어보는 것이 그나마 책값이라도 아끼는 지혜로운 방법일 수 있다.

### 지료청구소송과 지료확정소송의 차이

"지료확정소송을 설명 좀 해주세요."

"법원에 소송을 제기할 때 소송 제목을 '지료청구소송'이 아니라 '지료확정소송'으로 제출하시면 됩니다."
"법원이 지료를 확정해주면 그걸 원인으로 건물 강제경매도 할 수 있겠네요?"
"시간도 훨씬 덜 걸립니다."
"금액은 어떻게 정하나요?"

### 기왕의 권리분석 책들을 또 다시 비판한다

시중의 책들을 보면 지료 산정을 '경매 감정가격을 기준으로 한다'거나 '낙찰가격을 기준으로 한다'라고 하지만 다 틀린 이야기다. 땅을 낙찰받은 사람이 지료확정소송을 제기하면 법원은 지료 감정을 위한 감정을 다시 명령해서 거기서 산정되는 금액을 기준으로 지료를 확정하게 된다.

"지료가 확정되면 일할로 계산해서 청구하면 된다는 이야기네요?"
"정답입니다."
"지료청구소송이 아니라 지료확정소송으로 해야 하는 이유가 있나요?"

비용, 시간 등 모든 면에서 유리하다.

### 그래도 지분 투자의 온전한 핵심은 여기다

지분을 확보하면 가지게 되는 지분권자로서의 권리, 즉 공유자우선매수청구권이라는 마술지팡이를 휘두르는 방법은 대강 이렇다.

* 일단 지분을 확보한 후,
* 다른 지분경매에서 우선매수권을 행사하고,
* 협의로 매입 또는 매각,
* 분할청구소송(현금분할 또는 현물분할)으로 마무리된다.

"빨리 마무리될 물건을 선정하는 것도 성공적인 지분 투자의 요인이 되겠네요?"

"맞습니다. 각 물건마다 수익(률)이 정해져 있다면 회전이 빠를수록 수익액은 커지겠죠!"

"아프리카 대머리 독수리와 지분 투자자에게는 공통점이 있다는 말이 맞네요!"

누군가의 슬픔이 다른 누군가에게는 생명연장의 수단이다. 냉혹하게 물려 돌아가는 자연의 이치에 마음을 빼앗길 필요는 없다.

"지분경매가 그렇다는 이야기신가요?"

"아니죠. 지분경매를 포함해서 경매라는 제도로 인해 자본주의가 무너지지 않고, 선순환하는 구조가 이해되셔야 합니다."

## 02 사고는 산 자가 치고, 수습은 귀신이 했다

**누구네 종중 땅의 일부가 지분경매 목적물** [42]

"우리 땅 낙찰받은 분 맞으시죠?"

이 물건을 낙찰받고 나오자 법정 문 앞에서 초로의 아주머니가 앞을 막아서며 한마디 하신다.

"누구신가요?"
"낙찰받은 그 땅이 우리 문중 땅이고, 제실까지 있어서 다른 사람에게는 절대 넘길 수 없습니다."

---

42) 의정부지방법원 2계 2017-751**, 전체 1,835$m^2$ 중 지분 1/3인 611.7$m^2$(185평)이고, 당초 감정가격은 80,128,770원이었다. 낙찰가격은 31,500,000(낙찰가율 39.31%)원이었다.

"제실이 아니고 주택이던데요?"
"가을 제사 때 제사 모시는 곳입니다."
"본론이나 말씀해주세요?"

31,500,000원에 받은 물건을 5,000만 원에 매각하란다.

"그렇게는 못합니다."

아주머니 말로는 까만 소복을 입은 조상귀신(?)이 두 번이나 자신의 꿈에 나타나 집에서 쫓겨나지 않게 해달라고 했단다.

"지분경매 책에 드디어 귀신까지 등장하네요."
"저라도 그런 생각하다 보면 스트레스를 받아 꿈에 귀신을 볼 수 있을 것 같아요."
"성질 고약한 조상이라면 가위 누르기 공격도 할 수 있겠네."

경위야 어떻든 조상에게서 물려받은 소중한 선산을 온전히 지키고 있다가 후손에게 물려주지 못하고 경매당하는 사람들의 입장에서는 충분히 받을 수 있는 스트레스가 아닌가 한다.

### 일단 자리를 피하기로 했다

"무슨 말씀인지 알았습니다. 그런데 저 혼자 투자한 물건이 아니어서 사무실로 가서 다른 사람들과 상의해보고 연락드리겠습니다."

여러 번 써 먹는 계략이지만 궁할 때는 삼십육계가 답이다.

"말씀 좀 잘 해주세요. 꼭 저희가 다시 사야 합니다."

이 말을 뒤로하고 그 자리를 피했다.

"출구전략이 한순간에 파악되는 순간이었습니다."

이 정도면 가격 흥정에서 절대 유리한 고지를 차지한 것이다. 상대는 조상님 볼 면목이 없다는 이유로 협상의 결정적인 패를 전부 보여주고만 것이다. 앞으로 협상은 하나 마나 한 상황이다. 다음 날 전화를 걸었다.

"안녕하세요. 어제 낙찰받고 법원에서 잠깐 뵌 사람입니다."
"이야기는 잘되셨나요?"

상대에게 협상 카드를 다 들어내 보이고 있다는 것은 까마

득히 모르고, 여전히 다급해하신다.

"정 그러시면 감정가격에 사신다면 팔 의향이 있습니다."
"경매 감정가격이 8,000만 원이라고 하던데요?"
"맞습니다."
"너무하시네!"
"그렇게 말씀하시면 안 됩니다. 그 일대 평당 가격 한번 알아보시고 다시 통화하시죠."

거의 일방적으로 전화를 끊어버렸다. 어차피 이런 협상이 한두 번 전화로 끝날 수 없다는 것은 삼척동자도 다 안다. 이를 모르는 사람은 조상을 잘 모실 걱정만 앞서는 착한 지분권자뿐이다.

"가격을 알아보라고 했다고 알아볼까요?"
"아마 이미 잘 알고 있을 겁니다."
"정말 그러기도 하겠네! 저쪽에서 전화 해올까요?"
"반드시 합니다. 기다리기만 하면 됩니다. 아마 지금도 전화기에서 손을 못 떼고 있을 겁니다."

### 플러스알파로 1,000만 원만 더 달라고 흥정 중

당초 경매 감정가격이 8,000만 원이었다.

"거기다가 1,000만 원 더 얹어주면 팔겠다고 협상 중입니다."
"오히려 처음보다 가격을 올렸다는 말씀이세요?"
"그래야 협상이 됩니다."

조상 소중히 생각하는 착한 지분권자를 낙찰자가 들었다놨다 하는 중이다.

"협상 도중에 일단 매각형식으로 해서 법인 앞으로 명의이전 해버렸습니다."
"양도세를 감안하더라도 남는 장사라는 말씀이시죠?"
"나중에 법인세로 정리하면 되고, 또 사람들은 개인을 상대할 때와 법인을 상대할 때 흥정하는 자세가 훨씬 겸손해집니다."
"한 수 배웠습니다."
"우리가 제시한 가격도 무리가 아닌 것은 현재 이 일대 임야 땅값은 평당 30~50만 원 정도에 거래되고 있습니다."
"시세가 9,000만 원 정도라는 이야기시죠?"

### 묘지 없는 쪽으로 분할요청 협상 중

분할협상은 하고는 있지만 가능성은 별로 없다.

"자기들한테 팔라고만 한다는 말씀이시죠?"

낙찰자 입장에서는 돈이 목표지만, 말로는 땅이라고 우기고 있다.

"겉으로는 분할 쪽으로 진행하고 있습니다."
"낙찰자 요구를 수용하지 않을 가능성은 없을까요?"
"아니요. 저쪽에서 매입할 수밖에 없습니다."
"분할소송을 하시고 있다면서요?"
"분할한다고 해도 우리 입장에서는 나쁠 것 없습니다."
"처음 응찰할 때 목표가 분할 후 매각이어서, 협상가격이나 법원 조정으로 제시된 가격이 마음에 안 들면 끝까지 분할해 달라고 하면, 법원이 가격분할을 명하게 돼 오히려 더 유리합니다."

당초 투자 목표가 분할이 목적인 경우에는 가격 흥정에서 유리해진다.

### 지분경매 잘하는 비법 중 하나

시골 임야 지분물건에 도전할 때 유용한 비법 하나를 공개하겠다.

"비법이라고 하셨지만 의외로 간단하네요?"
"그런데도 안 하는 분들이 의외로 많습니다."
"지분물건이 나오면 그 인근 땅들에 대한 조사를 하라는 말씀이시죠?"
"그렇죠. 인근 땅 등기부등본을 모두 발급받아 전체 상황을 분석해보면 투자 방향의 윤곽을 잡는 데 여러 면으로 유리합니다."
"등기부등본 발급 비용을 아끼지 말라는 말도 꼭 기억하겠습니다."
"그러셔야 합니다!"

이 건 부동산 등기부를 발급받아 파악해보니 그 일대가 채무자들의 문중 소유 땅이었다. 후발주자여서 정보가 절대 부족한 낙찰자의 입장에서는 협상의 주도권을 쥐게 될 수 있는 고급 정보다.

"이런 땅에 다른 사람들이 낙찰로 소유권 취득하고 들어오는 거 별로 환영받지 못합니다."

"문중묘지 지켜야 할 이유를 협상판 카드로 써 먹는 거 나쁘지 않겠네요?"

기존의 지분권자는 낙찰자에게 처음부터 많은 패를 보여줬다. 또한 낙찰자가 인근 땅들의 등기부까지 떼서 그 일대 전체적인 분위기를 파악하고 있다면, 협상은 시작 전부터 이미 승패의 결론은 나 있다고 봐도 된다.

"지분권자들의 접근 방법이 하수였다는 이야기도 되고요."
"처음부터 해보나 마나 한 협상이었습니다."

그리고 이 물건 역시 지분물건의 특징을 잘 보여주고 있다.

"무슨 말씀이세요?"
"지분경매 물건의 대체적인 공통점이 가압류로 경매가 시작된다는 것입니다."
"거의 그렇죠."
"문중사람들이 돈을 모아 세 사람 명의로 해놓은 것인데 그 중 한 사람이 가압류를 당해 경매로 넘어가버린 사건입니다."

사고는 막내가 치고 형과 누나가 뒷수습하려고 발 벗고 나선 케이스였다.

## 03 나도 우리 가족묘지 하나 장만하고 싶었다

**아부지, 저 이 정도로 살았으면 잘 살았죠?** [43]

영화를 잘 보지 않는 필자에게 지인이 영화〈국제시장〉은 꼭 보라고 권유했다. 그 영화에서 주인공 덕수의 독백이다.

"아부지, 저 이 정도로 살았으면 잘 살았죠?"

덕수 역을 맡은 배우 황정민이 영화 끝 부분에서 창밖으로

---

43) 평택지원 2016-10417*이고, 전체 면적은 15,676㎡ 중에 지분 2/12인 2,612.7(790.33평)이고, 당초 감정가격은 57,478,740원이었다. 우리가 응찰한 가격은 31,000,000원이었고, 네 사람 이름으로 공동 입찰했다. 참고로 이 물건은 필자가 선정에서, 입찰가격까지 모두 정했다. 경기도 안성시 일죽면 능국리 임야인데 묘지로 사용되고 있는 땅이다. 중부고속도로 일죽 IC에서 차로 10여 분 거리에 있고, 강변역 동서울터미널에서 차로 1시간가량 걸린다.

부산 앞바다가 내려다보이는 작은방에 앉아 천상의 부친에게 부리는 눈물 젖은 어리광에 50이 넘은 필자도 주체할 수 없는 눈물을 흘렸다. 아직은 좀 더 세상을 살아야 할 나이겠지만, 살아온 시간이 힘들어서 그랬는지 남들이 보면 창피할 정도로 울음이 그치지 않았다. 이 글을 쓰고 있는 지금도 필자의 눈물샘이 또 고장 난 것 같다.

### 저세상에 가면 나도 부친께 어리광 좀 부리련다

"아부지 둘째 이 정도면 잘 살다 왔죠?"

아마 내 아버님도 대견해하면서 이렇게 말씀하실 것 같다.

"그래, 못난 애비 때문에 우리 둘째 고생 많이 했다. 어린 니들 삼 형제와 병든 니 엄마를 두고 일찍 죽어 처자식 고생 많이 시킨 것 정말 미안하다!"

필자는 아들만 삼 형제 중 둘째다. 아버님 고향은 황해도 옹진으로 피난민이셨다. 아버님은 생전에 술만 드시면 고향과 고향에 두고 온 부모님(내게는 할아버지, 할머니), 처자식들, 일가친척들을 민망할 정도로 그리워하셨다. 아버님은 남한으로 피난 내려와 어머니와 다시 결혼하셨고, 우리 삼 형제가 태어

났다. 아버님은 필자가 10살이 되던 해, 음력 2월에 그토록 모질게 춥디춥던 겨울날, 두껍디두껍던 하얀 눈 이불을 뒤집어쓰고 세상을 버리셨다. 지금도 생생히 기억난다. 부친의 산소를 파기 위해 동네 아저씨들이 내리찍던 곡괭이질에 꽁꽁 얼어 있던 땅이 내지르던 비명소리를….

부모님의 산소는 필자의 고향인 해남에 계신다. 일 년에 꼭 한 번, 주로 여름에 집사람과 아들 두 놈을 데리고 일부러 내려간다. 해남에 있는 부모님 산소에 갈 때마다 느꼈던 것은 부모님 산소를 서울이나 수도권으로 이장 등을 하지 않은 채 필자나 형제들이 모두 죽고 나면, 우리 부모님 산소는 필시 무연고 묘가 되고 말 것이라는 거였다. 그래서 필자에게는 오랫동안 작은 바람이 하나 있었다. 서울 수도권에 150~200여 평짜리 임야 하나 장만해서 가족묘지를 만드는 것이었다.

그 소원을 이룰 기회를 지분경매를 통해 마련하게 됐다. 필자도 함께 공동 투자해서 낙찰받은 경기도 안성시 일죽면 능국리 임야물건을 필자가 매매로 약 190평을 매입하기로 했다.

### 잘 관리되고 있는 남향 묘지다

"이 물건이 딱이라는 말씀이시죠?"
"서울에서 출발하면 일죽 IC까지 딱 한 시간 정도 걸립니다."
"자제분들이 찾아가기도 멀지 않겠네요."

"우리야 자식이니까 부모님 묘가 해남에 있어도 일 년에 한 번은 일부러 찾아가지만, 얼굴 한번 뵌 적 없는 아들놈들에게 해남에 계신 할아버지 할머니 산소에 매년, 명절 때마다 내려가라고 당부한다고 가기 쉽지 않습니다."

"현실적인 이야기입니다."

"묘지로 사용될 땅이 향(向)도 좋고, 형상도 나쁘지 않고, 인근의 묘들도 잘 관리되고 있어, 우리 부모님이 부자 동네로 이사 가는 느낌도 들어 좋습니다."

"부자 동네로 이사 간다는 표현 참 좋네요."

"어려운 용어 써 가면서 명당 어쩌고 하는 것보다 쉽게 이해되면 됩니다."

"명당에 대한 정의가 간단해서 좋습니다."

### 지분권자와 분필 및 이장 협의 완료

점선으로 표시된 임야 세 부분에 분묘가 있다.

"아래쪽 분묘 하나 있는 곳으로 790평을 분할해주겠다고 약속했다는 말씀이시죠?"

"아래쪽에 있는 분묘 한 기를 위쪽으로 이장(移葬)하는 비용을 우리가 부담해주는 조건으로 분필해주기로 합의했습니다."

"네 필지로 분할하기로 했다고 하셨죠?"

"그럴 계산으로 입찰자를 네 명으로 했습니다."

"그중 한 필지를 박사님이 사실 계획이고요?"

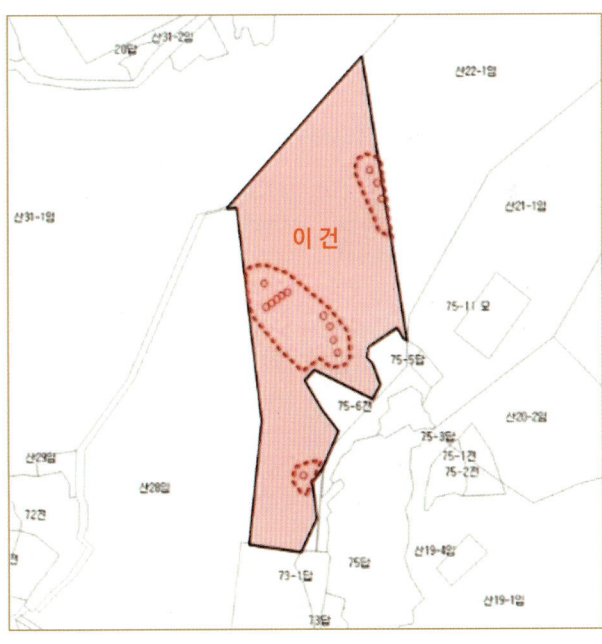

그중 한 필지를 전체 입찰가격인 3,100만 원에 매입하기로 공동 투자자들과 합의했다.

"790평을 네 필지로 나누면 약 200평씩 되는데 그중 한 필지를 박사님이 전체 낙찰가격인 3,100만 원에 사신다고요?"
"이상한가요?"
"비싸게 사는 것 같아서요!"
"두루두루 좋습니다. 저는 서울에서 1시간가량인 곳에 부모님을 모두 모셔오고, 나와 집사람, 그리고 형제들도 나중에 함께 묻힐 가족 공동묘지가 생겨서 좋고요. 공동 투자자들은 투자금 전액 회수해서 좋고요."
"뭐가 또 좋을까요?"
"나머지 3필지 약 600여 평의 매각가격은 제가 매입하는 가격이 기준이 되니, 필지당 3,000만 원씩 매각한다면, 총 매각액이 1억 2,000만 원이 됩니다."

"듣고 보니 정말 그러네요!"

현재 이 부근 묘지로 쓸 만한 임야는 평당 30~50만 원 내외에서 거래되고 있다.

### 가족 공동묘지에 입주자와 입주 대기자가 총 12명

"아마 내년(2019년)이나 내후년(2020년)에 돌아가시는 분들은 먼저 이 집으로 이사를 하시게 될 것 같습니다."

"입주자 및 입주 대기자가 현재 12명이시라고요?"

"부모님 두 분, 장인, 장모님, 우리 삼 형제 부부, 처남 부부가 입주 예정자입니다."

"돌아가신 분들은 이장하고, 박사님처럼 아직 살아 있는 사람들은 가묘를 써 놓겠다는 말씀이시죠?"

"이장한 부모님 산소 아래쪽에 일렬로 형제들과 우리 부부 가묘도 만들어놓고요. 가까우니 시간 날 때마다 찾아가서 내가 죽으면 묻혀 영원히 내려다볼 산야의 4계절 전경을 미리 눈에 담아 놓으면 나중에 죽을 때도 죽음이 굉장히 편할 것 같아요."

"박사님 말씀 들으면서 갑자기 사는 목적을 찾고, 깨달은 듯 하네요!"

"잘 죽으려면 잘 살아야 한다잖아요!"

"죽음이 편안하다는 표현 정말 너무 좋습니다. 그렇기는 해도 죽는다고 하니 좀 이상하네요."

"누구도 피할 재주 없습니다. 그리고 저는 하나도 이상하지 않습니다. 오히려 부모님 발치에 묻힌다고 생각하니 오히려 마음이 편합니다. 그리고 아들놈들도 일 년에 두세 번은 찾아오기로 했고요."

부모님과 장인 영감님은 이장하고, 생전에 계신 장모님, 우리 삼 형제 부부, 그리고 처남 부부가 묻힐 12기 가묘 조성작업까지 끝이 나면 참 뿌듯할 것 같다. 그리고 아래쪽으로는 아들놈들과 후세들을 위해 잔디 마당으로 놔두기로 했다. 나중에 아들놈들이 어떤 선택을 할지는 본인들 몫으로 남겨두려고 한다. 수도권에 묘지 190평이면 운동장이다.

### 자식놈들을 위해서는 납골당 부지도 마련했다

필자는 아들만 둘이다. 두 놈들에게 가끔 당부하는 말이 나중에 네 엄마, 아버지 기일과 명절에는 네 처와 자식들 데리고 빼먹지 말고 참배하라고 한다. 참배 순서는 맨 먼저 할아버지 할머니 묘, 두 번째로 외할아버지 외할머니, 그러고는 필자의 형님인 큰아버지네, 그다음은 네 엄마 아버지, 그리고 다음은 필자의 동생인 작은아버지네, 그다음은 외삼촌네 순서로 참배해야 한다고 일렀다. 아버지는 가족묘지를 장만해서 집안의 구심점을 만들어놓고 이 세상을 떠나갈 테니, 너희들은 사이좋게 관리하며 형제끼리 서로 돕고, 화목하게 살아야 한다고, 아들놈들과도 이미 합의했다. 그렇게 하겠단다.

# 04
## 나도 처음으로 지분물건에 머리 올렸다

**남한산성을 사랑하는 모임(남사모) 회장님**

내가 경매 NPL판에 뛰어들어 20여 년을 버티며 지나는 동안 정말 수많은 사람을 만나 인연을 맺었다. 이 중 일부는 평생 함께하기로 내 마음대로 정한 분들도 계시고, 그리고 그보다 훨씬 더 많은 사람들이 인연을 접고 떠나갔다.

"그분들 중에 두 분은 꼭 평생 모시고 가려고 생각합니다."
"그분들은 좋겠네요. 그런 대접을 받으시는 분들은 대체 누구세요?"
"한 분은 박종* 회장님이시고, 또 한 분은 지금 소개하려고 하는 김내* 회장님이세요."
"박종* 회장님과는 어떤 인연이 있으신가요?"

"제가 NPL 주말반을 만들었을 때 기수 회장님을 역임해주셨는데, 그것이 고마워서 어떤 투자 물건 하나를 공동 투자하자고 제안드렸을 때 주저 없이 동의해주셨습니다."

"서로가 아직 잘 모를 때 믿어주셨다는 말씀이시군요?"

"그래서 더 존경합니다."

"그리고 또 한 분인 김내* 회장님은 어떤 분이세요?"

경기도 성남의 남한산성이 유네스코 세계문화유산에 등재되는 데 결정적인 역할을 한 남한산성을 사랑하는 모임(남사모)의 회장님이시다. 필자가 박종* 회장님, 김내* 남사모 회장님과 같은 분들과 인연을 맺고 산다는 사실이 더없이 행복할 뿐이다.

### 결혼식 축의금 내러 갔다가 한 새치기

김내* 회장님의 첫째가 서초역 인근의 대형 교회에서 결혼식을 올린 것이 토요일이었다. 그런데 그날은 공교롭게도 필자가 진행하고 있는 경매 NPL 주말 강좌 수업일이었고, 필자가 강의를 하는 날이었다. 그날 수업은 두 시부터였고, 결혼식은 한 시였다. 그래서 좀 일찍 가서 축의금을 내고, 축하 식사라도 서둘러 하면 수업시간에 늦지 않겠다는 판단이 들었다. 서울 지하철 2호선 서초역에 내려서 결혼식장인 교회 계단으로 올라가는데, 이상하게 처음 보는 긴 줄 두 줄이 지하철 역사 안에까지 이어져 있었다.

 설마 그 줄이 김내* 회장님 첫째 결혼식 축의금을 내려고 서 있는 줄이라고는 전혀 생각하지 못하고, 2층 축의금 접수대로 가서야 비로소 긴 두 줄의 정체를 알게 됐다.

 일단 서초역으로 다시 내려갔다. 가면서 생각해보니 이러다가는 축하 식사는 고사하고, 축의금만 낸 뒤 서둘러 강의하러 가도 시간이 모자랄 것 같았다. 그래서 줄 서려고 내려가다가 생각을 바꿔 다시 올라와 앞쪽에 서 계신 분에게 사정을 이야기했더니 흔쾌히 앞에 서란다. 새치기해서 결혼 축의금만 내고는 전철 2호선을 타고 강변역으로 돌아오는 내내 눈물이 그치지 않았다.

 "아비 된 자는 세상을 저렇게 살아야 하는 것이구나!"

 아비 된 자가 세상을 어떻게 살아야 하는지를 김내* 회장님이 말없는 웅변으로 들려주고 있었다.

### 아비 된 자가 어떻게 살아야 하는지 여지없이 보여주셨다

 우리 집 큰놈이 어렸을 적에는 꽤나 말을 안 들었다. 군대 제대하고는 정말 든든한 우군으로 변해줬지만, 서로는 쉽지 않은 시간을 인내한 것이 사실이다. 오래전에 이런 일이 있었다.

무슨 일인지 지금은 기억도 나지 않지만 오래전에 큰놈 때문에 심하게 화가 난 적 있었다. "너, 할아버님 뵌 적 없지?"라는 두 옥타브 올라간 필자의 고함에 어린 큰놈은 아무 말도 없이 눈물만 내비쳤다. 그럴 수밖에 없는 것이 부친은 필자가 10살이 되던 해에 세상을 등지셨기 때문이다.

"아버지는 네 할아버지한테서 자기 아들을 어떻게 대해야 하는지 배운 적이 없다. 그래서 내가 너를 대하는 것이 서툴기 짝이 없다. 설령 아버지가 너를 대하는 것이 서툴다고 이렇게까지 속을 썩여야 하겠느냐?"

그 말을 내뱉은 필자의 가슴에서는 피눈물이 떨어지고, 이 말을 듣고 있던 큰놈은 말뜻을 이해 못하고 눈만 껌벅거리던 표정이 잊히지 않는다.

이 책을 쓰고 있던 2018년 8월, 휴가 겸 부모님 산소에 참배하러 우리 가족 연례행사인 해남 부모님 산소에 다녀왔다. 올해는 우리 집 둘째가 고3이어서 큰놈하고만 1박 2일 일정으로 해남을 다녀왔다. 큰놈하고만 함께한 이틀 동안 우리는 참 많은 이야기를 나눴다. 서로의 고민을 듣고 말하면서 각자의 입장을 생각해보는 기회가 됐다. 집에 도착할 무렵에 큰놈이 말했다.

"아버지, 참 좋은 여행이었습니다!"[44)]

### 필자가 세상을 살아가는 두 가지 원칙

　필자가 어린 나이에 서울에서 객지 생활을 시작하면서 이 두 가지는 절대 욕을 먹여서는 안 된다는 결심이 있었다. 하나는 내 부모님이고, 또 하나는 내 고향 전라남도 해남이다. 필자는 책의 저자 소개란에 고향이 해남이라는 것을 꼭 밝혀왔다. 한 번은 이런 일이 있었다. 사회적으로 꽤나 명망이 높으신

---

44) 우리 가족은 부모님 산소에 갈 때 부모님이 생전에 구경하지 못했을 것 같은 것들을 해남 슈퍼마켓에서 사간다. 이번에는 오징어땅콩, 비엔나소시지, 참치캔, 피자빵, 푸딩, 박카스가 차림표였다. 부친, 모친 양쪽 모두 똑같은 메뉴를 준비한다.

대학 선배 중 한 분과 어느 해 연말 대학 총동창회 송년회 모임에서 합석할 기회가 있었는데, 내가 인사를 드리자 나를 알아보셨다.

"선배님 뵙게 돼서 영광입니다."
"아, 자네가 우 박사라고?"
"네, 저를 어떻게 아시는지요?"
"동문회 사무실에 갔다가 자네 이야기를 들었네. 그래서 인터넷에서 한 번 찾아봤지."
"아, 그러셨군요?"
"그런데 당부할 이야기가 하나 있네."
"네, 말씀해주셔도 좋습니다."
"자네 책을 보니까 말이야. 저자 소개란에 고향이 전라도 해남이라고 써 놨더구만."
"네, 맞습니다. 그랬습니다."
"그런데 앞으로는 그러지 않는 것이 좋을 것 같아서…."

심한 모멸감이 바로 밀려왔다.

**무슨 말을 더하고 더 들을 필요가 있겠는가?**

성공적인 사회생활을 오래 하신 선배 입장에서는 아끼고 싶은 후배가 고향이 전라도라는 것을 밝혀 혹여 불이익이라도 당하지 않을까 하는 마음에 해준 조언이라고 생각할 수도 있겠지만, 내 마음은 싸늘하게 닫혔다. 그 말을 듣는 순간 아주 오래전에 본 영화 중에서 작가 알렉스 헤일리(Alex Haley)가 쓴 소설 《뿌리》가 생각났다. 그 책의 주인공인 노예 킨타쿤테는 자식이 태어나자, 고향 아프리카를 향해 아기를 머리 위로 번쩍 들어 올려 조상들에게 후손의 태어남을 고하는 장면이 있다. 아주 오래전에 본 장면이지만 지금도 뇌리에 생생하다.

근본을 부정하거나 잃은 자는 온전히 오래가기 어렵다는 것이 필자의 지론이다. 내가 태어나고, 나를 키워준 내 고향이 어디라고 밝히지도 못하면서까지 사회적으로 성공하고 싶은 생각은 전혀 없다. 누가 시비하더라도 두 번 거론할 이야기는 아니다.

### 남사모 김내* 회장님이 머리를 올린 첫 지분경매 물건 [45]

"회장님, 낙찰자 이름에 ㈜***경영개발원이어서 반갑습니다."
"박사님이랑 최 선생님과 함께 공유지분반 공부를 시작해서 드디어 한 건 잡았습니다."
"대단하세요. 시작한 지 몇 달 되지도 않았는데요."

---

[45] 수원지방법원 2017-290**, 임야물건이고, 전체 면적은 1,336$m^2$중 지분 267.2$m^2$였다. 감정가격은 35,270,400원이었고, 응찰가격은 16,099,000원(감정가격 대비 45.64%)였고, 응찰자는 5명이었다. 2등 입찰가격은 1,500만 원으로 2등과는 1,099,000원 차이로 최고가매수인이 되셨다.

"공유지분 독점경매반 사람들과 함께 공부하며, 임장하고, 입찰하니까 훨씬 수월하고 시간도 덜 들었습니다."

"그런 것 같아요. 시각을 달리하니 이런 신천지가 있었네요."

"'경쟁하고 싶지 않고 독점하고 싶다!'라는 공유지분 독점경매반 슬로건에 딱 맞는 것 같아 너무 좋습니다."

다음 페이지에서 소개하는 물건이 김내* 회장님이 지분물건반에 입문하셔서 소액으로 낙찰받은 첫 번째 투자 사례다.

# 05

## 경매 물건에 묘지가 많아서 오히려 좋다

**부동산 박사과정을 마치고 다시 들어간 풍수학 박사과정** [46]

---

46) 앞서 말했던 남사모 김내* 회장님이 처음으로 낙찰받으신 지분물건으로 수원지방법원 2017-290**이다. 지목은 임야, 80.8평이 감정가격 35,270,400원이었고, 응찰가격은 16,099,000원이었는데 5명이 응찰했다.

"잘 가꿔진 묘지들을 보면 후손들이 어떻게 사는지를 한눈에 알 수 있습니다."

"3대(代)는 지나봐야 명당인지, 아닌지, 알 수 있다는 풍수설이 있다면서요?"

"이 정도 관리되는 묘지면 안 가봐도 좋은 곳입니다."

"박사님이 그것을 어떻게 아세요?"

"이래 봐도 제가 풍수학 박사과정에 다닌 사람 아닙니까?"

"그러시면 풍수학 박사학위도 있으세요?"

"아니요. 다니다가 그만뒀습니다."

"풍수학 박사과정에 입학한 동기는 뭐고, 그만둔 이유는 무엇이었나요?"

필자가 국립 강원대학교에서 부동산 박사학위를 받은 것이 2008년 여름이고, 서울 성북구 성북동에 있는 동방대학원대학교 미래예측학과(전공 풍수학) 박사과정에 입학한 것이 2009년 가을 학기였다.

"제 전공이 부동산 경매잖아요?"

"대한민국에서 경매 공부나 경매 투자 좀 한다는 사람은 거의 박사님 압니다."

"《위험한 경매》 시리즈 덕 좀 봤죠. 지금도 꾸준히 팔리고 있고요."

"경매하다가 한 방 맞은 사람들의 이야기만 모아놓은 특이

한 책 말씀이시죠?"

"지금은 그런 말을 하려는 것은 아닌데요."

"그럼 무슨 말씀을 하시고 싶으신데요?"

### 생애 첫 낙찰물건은 성남시에 있던 20평지 단독주택

필자의 처음이자 마지막 직장이던 경기도 성남에 있었던 대생상호신용금고에 들어가면서 경매 공부를 처음 시작한 것이 1994년이고, 처음으로 낙찰받은 것이 1996년이었다. 생애 첫 물건은 경기도 성남시 태평동에 있던 20평 단독주택이었다.

"정말 경매 원로 세대 맞네요."

"경매당한 물건은 기본적으로 어떤 이유든지 소유자를 해한 망한 부동산이잖아요!"

"그렇게 생각하면 그렇죠."

사람 사이에 궁합이 있듯 부동산과 소유자 사이에도 궁합(?)이 있지 않을까 하는 의문을 경매 공부 및 투자를 시작할 때부터 가지고 있었다.

"호기심도 특이하시네요!"

"궁금했습니다."

"안 믿는 분들도 계시잖아요?"
"그런 분들은 그냥 참고만 하시면 됩니다!"

### 사람 사이에 궁합, 부동산과 주인 사이에 궁합

"그래서 부동산과 소유자 사이에 궁합(?)이 있을 것이라는 전제를 깔고, 어디 가서 어떤 공부를 하면 이 의문을 해소할 수 있을까를 고민하다가 시작한 공부가 풍수였습니다."
"풍수학 박사 정규과정을 다니셨다는 말씀이시죠?"
"동방대학원 대학교라는 학교가 서울 성북동에 있습니다."
"박사과정은 마치셨나요?"
"아니요. 5학기를 다녀야 하는데 풍수학이라는 학문이 너무 어렵고, 실체가 잡히지 않아 추상적으로만 느껴져 3학기만 다니다 그만 다녔습니다."
"어려우셨나 보네요."
"네, 솔직히 저한테는 좀 어려웠습니다."
"그래도 좀 배우기는 하셨을 것 아닌가요?"

필자가 생각하는 명당 이론은 지극히 간단하다. 3대가 지나고 100년이 지나서도 조상 묘가 잘 관리되고 있는 곳이면 명당이고, 좋은 터라고 생각한다. 우리 민족은 조상 묘를 특이한 곳에 쓰지 않는다.

배산임수고, 따뜻한 남향이고, 배수 잘되는 곳이면 좋은 곳으로 여긴다. 맥이니, 용이니 그런 이야기는 여기서 하지 않겠다. 잘 관리되고 있는 분묘가 지분물건 인근에 있거나 함께 있는 경우 낙찰로 소유권 취득 후 매각하는 데 보증수표 구실을 해준다.

### 시골 땅 임장은 언제 해야 하는가?

시골 땅은 겨울에 임장하면 눈이 덮여 있어 문제고, 여름에는 수목과 나뭇잎들이 울창해져 경계점을 찾기가 쉽지 않고, 뱀이나 벌 등에게 공격을 당할 수도 있다.

"앞의 사진처럼 겨울이라도 눈으로 덮여 있지만 않다면 시골 땅 임장은 겨울이 최고입니다."
"여름에는 초목이 우거져서, 겨울에는 눈에 쌓여 있어 정확하게 파악하기 어려우니 피하라는 이야기시죠?"

특히 눈이 많이 오는 지역인 강원도 임야는 겨울철에 감정하거나 임장을 하면 맨땅을 한 평도 보지 못하는 경우도 있다. 이런 경우에는 분묘나 맹지, 지세(地勢), 향(向), 지맥(地脈), 경사도 등을 제대로 파악하기 어렵다. 그러나 여기까지는 풍수 일반론이고, 임야 등 지분경매 물건을 투자하는 경우에서 분묘기지권 문제에 이론적인 부분에만 너무 매달릴 필요는 없다는 것이 개인적인 생각이다. 다음을 읽어보면 필자의 생각이 보일 것이다.

## 06
## 고수는 분묘기지권이 성립되는 것을 전제로 입찰한다

**상속이나 증여까지를 고려한 투자라면 임야다** [47]

자식 대까지를 내다보는 장기 투자가 가능하다면 법원 경매에서 높은 수익을 올릴 수 있는 물건이 임야다. 임야물건의 특징은 크게 두 가지로, 하나는 지분인 물건이 많고, 두 번째는 분묘가 존재할 가능성이 크다는 점이다. 즉 임야에 응찰할 경우 특히 신경 써야 하는 것이 분묘(묘지)에 관한 것이다.

우리나라는 분묘에 관해 관습법상으로 특별한 권리를 인정하고 있는데, 이를 '분묘기지권'이라고 한다. 분묘기지권은 분묘에 대해 지상권과 유사한 효력을 인정하는 것이다. 따라서 법원 경매를 통해 임야(전·답·과수원·잡종지·묘지) 등에 응찰

---

47) part 05에 소개되고 있는 투자 사례가 분묘기지권 성립 여지 있을 때 낙찰받은 사례들이다.

할 경우 지상에 존재하는 분묘에 대해서는 각별한 주의를 기울여야 한다. 만약 지상에 분묘가 있다면 관습법상 인정되는 법정지상권과 같이 일종의 물권인 분묘기지권이 성립한다는 것을 전제로 응찰해야 한다.

  분묘가 존속·관리되는 동안은 분묘기지권이 존속되며, 등기는 따로 필요하지 않고, 지료 지급은 분묘기지권의 요소가 아니다. 또한 봉분과 석물, 그리고 분묘를 둘러싸고 있는 빈 땅까지도 분묘기지권이 미치는 범위에 속하기 때문에 분묘기지권이 성립하는 경우 그 토지를 사용하는 데 제약이 따른다. 이 책은 그런 불편함을 지렛대로 사용하는 경매 고수들의 입찰전략을 바탕으로 쓴 책이다.

### 분묘기지권은 이런 조건하에서 성립된다

분묘기지권의 생성조건은 다음과 같다.

* 토지 소유자의 승낙을 얻어 분묘를 설치하는 경우,
* 남의 토지에 소유자의 사용 승낙 없이 설치했더라도 20년간 평온·공연하게 점유할 경우,
* 자기 토지에 분묘를 설치했다가 분묘도 함께 이전한다는 특약 없이 매매한 경우,
* 지료는 당사자 간에 의하지만 약정이 없는 경우 무상이

그 개요다.

이런 조건을 갖춰 분묘기지권이 성립하면 자기 땅이라고 하더라도 분묘 소유자의 허락 없이 함부로 분묘를 훼손할 수 없다. 분묘를 무단으로 훼손하면 처벌을 받을 수 있고, 소유주의 허락 없이 묘를 옮긴다는 것이 현실적으로 어렵다. 분묘기지권의 존속기간에 대해서는 민법상의 지상권 규약에 따르는 것이 아니다. 당사자 사이에 약정이 있으면 그에 따르고, 약정이 없는 경우 권리자(분묘 소유자)가 분묘의 수호(유지)와 봉사(관리)를 계속하는 한, 분묘기지권은 존속한다는 것이 현재 대법원 판례다.

### 분묘기지권이 성립하지 않는 경우에는 장사법을 적용하자

분묘 소유자는 있지만 분묘기지권이 발생하지 않는 분묘의 경우에는 협의 이장이 되지 않으면, 이전청구소송 등 법 절차를 통해 봉분을 옮길 수 있다. 그러나 법적으로는 분묘기지권이 부정된다고 하더라도 조상 묘소에 대한 우리 민족의 정서는 독특한 면이 있어 일방적으로 처리하기가 쉽지 않다는 점도 염두에 둬야 한다. 앞의 사례에서 보는 것처럼 경매 목적물 지상에 소유자를 알 수 없는 분묘가 산재해 있다.

### '분묘 수기 있음'이라는 문구의 매력

"'분묘 수기 있음'이라는 표현은 뭔가요?"
"몇 개인지는 몰라도 경매 목적물상에 묘가 있다는 말입니다."
"경매 목적물에 분묘가 있다면 일단은 분묘기지권이 성립한다는 전제로 권리분석과 해결방안을 마련해야 한다는 말씀이시죠?"
"그렇습니다!"
"분묘는 묘 주인이 경매 법원에 따로 신고해야 성립하나요?"
"신고가 따로 없어도 묘가 있으면 성립한다고 보셔야 합니다."

### 분묘기지권 성립 여지 있는 물건의 투자 전략

법원 경매로 낙찰받을 때 지상에 분묘가 있다면 예외 없이 분묘기지권이 성립한다는 가정하에 응찰하는 것이 바람직하다. 분할소송, 협의매수, 협의매도 또한 수용 가능성이나 국가 등에 의한 개발 여지가 있는 지역의 임야라면 분묘기지권을 무시하고, 응찰하는 투자 전략도 세워볼 수 있다.

Part
06

남들과 경쟁하기
귀찮은 분들에게 전하는
특급 팁

# 01
## 지분물건의 슈퍼맨은 누가 뭐래도 공유자

**인생을 즐기는 정말 다양한 사람들의 취미**

사람들마다 삶을 즐기는 방법들이 따로 있는 듯하다. 필자의 친형님은 매주 5,000원어치 사는 로또 추첨일인 토요일을 기다리는 재미로 일주일을 사시지만….

* 영화 좋아하는 사람,
* 여행 좋아하는 사람,
* 운동하기 좋아하는 사람,
* 운동 보기 좋아하는 사람,
* 등산 좋아하는 사람,
* 이런저런 술 좋아하는 사람,
* 연애 좋아하는 사람,

* 책 읽기 좋아하는 사람,
* 애완동물 키우기 좋아하는 사람,
* 봉사하기 좋아하는 사람,
* 사람과 만나 수다 떨기 좋아하는 사람,
* 필자처럼 술 한잔하고 약간 알딸딸할 때 마약 기운에 정신없이 책 쓰기 좋아하는 사람(?),
* 맛있는 거 찾아 전국을 유랑하는 사람 등등 너무 다양하다.

### 놓친 물고기는 언제나 크게만 보인다 [48]

| 소재지 | 서울 종로구 종로4가 165-** | | | | |
|---|---|---|---|---|---|
| 경매구분 | 강제경매 | 채권자 | 한국무역보험공사 | | |
| 용도 | 근린시설 | 채무/소유자 | 이동*/이동* 외 17 | 매각기일 | 2018.03.29<br>(158,889,999원) |
| 감정가 | 275,946,000원 | 청구액 | 275,479,017원 | 종국결과 | 2018.06.21<br>(배당종결) |
| 최저가 | 113,028,000원<br>(41%) | 토지면적 | 전체 817.2㎡ 중<br>지분 11.4㎡(3.4평) | 경매개시일 | 2016.09.22 |
| 입찰보증금 | 10%<br>(11,302,800) | 건물면적 | 전체 2,300.44㎡ 중<br>지분 31.96㎡(9.7평) | 배당종기 | 2016.12.19 |
| 주의사항 | · 지분매각 | | | | |

---

48) 서울중앙법원 2016-10417*번이다.

### 광장시장 초입에 있던 빌딩 지분경매 물건의 개요

종로 5가역 8번 출구에 접한 광장시장 먹자골목 초입에 있는 건물이다. 토지, 건물이 지분으로 나왔고, 1960년에 보존등기가 난 빌딩이다. 승강기도 설치돼 있지 않아서 건물 박물관이 있다면 그곳에서 한자리 차지하고 있어야 할 정도로 낡고 오래된 물건이었다.

* 토지는 전체 817.2㎡ 중 경매 목적물은 11.4㎡(3.4평),
* 건물은 2,300.44㎡ 중 경매 목적물은 31.96㎡,
* 총 18명의 공유자들이 지분형태로 소유하고 있었고,
* 경매개시일은 2016년 9월 22일,
* 배당요구종기일은 2016년 12월 19일,
* 경매 감정일은 2017년 3월 28일,
* 입찰일은 2018년 3월 29일,
* 매각허가기일은 2018년 4월 5일,
* 매각대금 납부기한일은 2018년 5월 18일,
* 매각대금 납부일은 2018년 5월 16일,
* 배당일은 2018년 6월 21일로 경매 진행은 완료했고,
* 당초 감정가격은 275,946,000원,
* 입찰 당일 최저 입찰가격은 113,028,000원일 때,
* 우리는 158,889,999원(감정가격 대비 57.58%)에 응찰했고,
* 총 입찰자는 5명,

* 개찰 결과는
  1등은 158,889,999원(감정가격 대비 57.58%)에 응찰한 우리,
  2등은 143,333,333원(51.94%),
  3등은 125,090,000원(45.33%)이었다.
* 최종 결과는 지분권자 중 한 사람(김태*)이 공유자우선매수청구권을 행사하는 바람에 최고가매수인이었던 우리는 차순위매수인으로 전락했고, 혹시나 하는 마음에 차순위매수인 신고까지 했지만, 결과는 '역시나'였다.

### 지금까지도 필자를 설레고 안타깝게 하는 놈

종로 3가 쪽에서 동대문 방향으로 찍은 사진이다. 택시 지붕이 보이는 도로가 종로대로다.

"이놈입니다. 지금도 저를 설레게 하고 안타깝게 하는 놈입니다."
"지금까지 입찰했다가 떨어진 경매 물건 중에서 가장 아까운 물건이라는 말씀이시죠?"
"놓친 물고기는 항상 커 보인다고 하지만 정말입니다."
"그렇게 아까우세요?"

그 건물 1층에는 시중 은행 ATM기가 3대나 설치돼 있고, 사진에서 보는 것처럼 옥상에는 전자식 대형 스크린 광고판이 설치돼 있다.

"서울 시내 4대문 안에서 옥상 광고판 설치가 근본적으로 불가능하다는 것을 아세요?"
"아, 그런가요? 몰랐습니다."
"심하게 말하면 대통령 연줄이나 서울 시장 빽을 동원해도 신규 설치 허가는 어렵다고 하더라고요."
"설치돼 있는 기존의 건물주들은 신났겠군요!"
"우리가 입찰했다가 1등이 되기는 했는데, 공유자가 우선매수청구권을 행사해서 2등이 된 이 물건 옥상에 전자 광고판이 설치돼 있어서 꼭 잡아야겠다고 야무지게 응찰했거든요!"

4,600여만 원을 더 쓴 이유는 공유자가 공유자우선매수청구권을 행사하지 못하게 하려는 전략이었는데 먹히지 않았다.

"2등보다는 1,550여만 원을 더 쓰셨네요?"

"2등은 의식하지 않았고, 오로지 공유자가 우선매수청구권을 행사하지 못하게 하는 것이 목적이었습니다."

"공유자우선매수청구권을 행사한 사람이 누구였나요?"

"꽤 젊은 친구였습니다."

### 개찰 결과 우리가 일단은 최고 가격에 응찰했다

"주식회사 월주천천이 158,889,999원에 응찰했습니다. 이 가격 이상 쓰신 분은 안 계시죠?"

개찰을 주관하던 서울중앙지법 경매 진행 집행관의 물음에 아무도 대답이 없다.

"그러면 월주천천 대표님만 이쪽으로 오시고, 2등 이하 분들은 입찰보증금을 찾아가시면 됩니다."

"대표님, 이 물건은 공유자가 사전에 우선매수신청을 한 상태여서, 공유자에게 이 가격에 우선매수권을 행사할지를 먼저 확인해야 합니다."

최고 가격을 써낸 월주천천 대표인 필자에게 집행관이 상황을 설명했다.

"알겠습니다."
"공유자우선매수청구권리를 신청하신 김태* 씨! 계시면 지금 앞으로 나오셔서 월주천천이 써낸 가격으로 공유자우선매수권리를 행사할 것인지를 정해주시기 바랍니다."

집행관의 낭랑한 목소리가 마이크를 타고 넓디넓은 서울중앙지방법원 경매 입찰장에 울려 퍼졌다. 잠시 뒤 젊은 친구 두 사람이 쿵쾅거리며 개찰 법대 앞으로 나왔다.

"김태* 씨세요?"
"네, 맞습니다."
"신분증부터 좀 보여주세요!"
"네, 여기 있습니다."
"확인 잘했습니다. 월주천천이 158,889,999원에 응찰한 거 보이시죠?"
"네, 잘 봤습니다."
"선생님이 이 가격에 공유자우선매수청구를 할지, 말지를 지금 바로 정해 주셔야 합니다."

개찰을 담당하는 집행관의 설명에 젊은 두 친구가 잠시만 시간을 달란다. 솔직히 필자는 빌었다. 이 친구들이 공유자우선매수청구권리를 포기한다고 말하기를…. 잠시 후 의논을 끝낸 젊은이 중 한 사람이 말했다.

"공유자우선매수청구권리를 행사하겠습니다."

필자가 졸지에 새가 되는 순간이다.

"알겠습니다. 입찰보증금 10% 가져오셨죠?"
"네, 여기 있습니다."

집행관이 수표 금액을 확인하더니 말했다.

"금액 맞습니다. 그러면 김태* 씨를 이 물건의 최고가매수인으로 정합니다."

그리고 나서는 필자에게 말을 건다.

## 월주천천은 차순위매수인으로 신고했다

"월주천천은 어떻게 하시겠어요?"

차순위신고를 할지, 말지 정하라는 이야기다. 이미 결정하고 있었다.

"차순위매수인으로 신고하겠습니다."

"알겠습니다. 그러시면 입찰보증금은 오늘 못 찾아가는 것 알고 계시죠?"

"네, 알고 있습니다."

"그러면 지금부터 2016-10417*번 입찰결과를 발표하겠습니다. 공유자이신 김태* 씨가 공유자우선매수청구권리를 행사하셔서 주식회사 월주천천이 응찰한 158,889,999원에 최고가매수인이 되셨고, 월주천천은 차순위매수인 신고를 했습니다. 이것으로 2016-10417*번 입찰절차를 마칩니다."

누가 뭐라고 해도 지분물건에서 최강자는 지분권자고, 무기는 공유자우선매수청구권이다. 그리고 약 40여 일 후에 중앙법원 담당 경매 계장님이 전화를 하셨다.

### 중앙법원 경매 계장님의 부드럽고 친절한 목소리

"2016-10417*번 차순위매수신고 하셨던 월주천천 대표님이시죠?"

"네, 맞습니다."

"그 물건 공유자가 잔금을 납부해서 차순위신고 때 납부하셨던 입찰보증금을 찾아가시라고 전화드렸습니다."

친절하고 상냥한 목소리로 차순위매수신고 하면서 찾아가

지 못했던 입찰보증금을 찾아가란다.

"어제까지 납부 안 해서 지켜보고 있었는데 잔금을 납부했나 보네요?"

편안한 마음으로 돌아섰다. 이 물건과는 인연이 없지만, 이런 정도의 물건은 필자가 죽을 때까지 계속 경매 시장에 나온다는 것을 누구보다 잘 알기 때문이다. 진검승부 한판 펼쳤다가 무슨 필살기든 제대로 얻어맞고 쓰러졌든, 패했으면 승자에게 축하의 마음을 전하고, 훗날을 기약하는 것이 선수의 자세가 아닌가 한다. 물론 말로는 그렇게 하지만, 종로 5가 광장시장에 빈대떡이든, 순대든 뭐라도 먹으러 갈 때마다 생각이 난다.

## 02 공유자우선매수권자를 물 먹이는 신의 한 수

**힘 센 병아리가 무서운 고수들만의 리그**

돈 될 것 같은 지분물건에 도전했다가 경매장에서 먹살 잡힐 뻔한 사례를 보도록 하자. 부동산 경매에서 유찰이 잦은 물건은 반드시 곡절이 있다. 권리관계가 복잡하거나 물건에 하자가 있는 경우가 그런 경우에 해당한다. 치유할 수 없는 하자가 있는 물건은 잘못 손댔다가는 회복하기 어려운 상황에 처하게 되는 경우도 비일비재하다. 하지만 이 건은 그런 경우는 아니다. 부동산 중개업을 하는 하지*(54) 씨는 호가제 시절부터 경매 판에 살아온 경매 1세대지만, 최근 전적은 초라하기 그지없다. 백전백패 중이다. 산전수전 다 겪은 백전노장이 병아리들과의 전투에서 번번이 깨지고 있는 중이다.

### 초보 병아리와의 최근 전투에서 악전고투 중

 필자 역시 마찬가지로 초보 병아리와의 최근 전투에서 악전고투 중이다. 이는 필자나 하 씨에게만 적용되는 사항은 아니니, 크게 마음 쓰지는 않는다. 현재 경매 시장에서 일어나고 있는 보편적인 현상이라고 보면 크게 틀리지 않다. 낙찰(매각)가율, 매각(입찰)경쟁률 등에서 고수들이 감당하기 어려운 것이 현실이다. 이런 결과로 병아리 먹이에는 선수들은 절대 손대지 말자는 불문율이 생겨나고 있을 정도다. 필자도 전적으로 동의하며 일리 있는 말이다.


### 못 먹을 감이라면 포기는 빠를수록 좋다

 부동산 경매 판에서 병아리들과 경쟁해서는 도저히 승산이 없다. 이겨 봤자 남는 것은 별로 없는 묻지 마 식 투기판이 벌어지고 있기 때문이다. 소위 '일곱 가지 묻지 마!'가 그것이다.

① 매각가율 묻지 마!
② 매각경쟁률 묻지 마!
③ 매각가격 묻지 마!
④ 명도 난이도 묻지 마!
⑤ 향후 전망 묻지 마!

⑥ 처분 전망 묻지 마!
⑦ 투자 수익률 묻지 마!

필자 역시 빨리 포기하고 병아리들이 혈전을 벌이는 묻지마 식 투자판에서 줄행랑을 친 지 꽤 시간이 흘렀다. 뭐가 무서워서가 아니라 어째서 피한다는 구실을 붙이기는 했지만 말이다.

### 이 책이 지분경매 판에 휘발유를 끼얹는 건 아닌지

고수들은 블루오션을 찾아내고는 다들 그리로 떠나갔다. 병아리들은 도저히 엄두도 낼 수 없는 물건 쪽으로 이동한 지 오래됐다는 말이다. 고수들끼리 경쟁하는 블루오션은 아직은 잠잠하다. 깊고 넓은 강물의 표면처럼 말이다. 아직은 다행이다. 병아리들이 아직은 이 판까지는 마음 놓고 쳐들어오지 못하고 있다. 그랬다가는 뼈도 못 추스르고 떠날 수도 있기 때문이다. 고수들의 리그인 지분경매, 독점경매 판에서 '대충 묻지 마!'는 통하지 않는다. 사실 이 책을 쓰면서 걱정이 앞서기도 한다.

아직은 덜 시끄러운 지분경매 판에 이 책이 휘발유를 끼얹는 결과를 가져오지나 않을지 말이다. 지분경매 물건이 아직은 병아리들이 쉽게 접근하기 어렵다고는 해도, 이 책을 기점으로 지분시장이 과열되지는 않을까 하는 염려 말이다. 그러면서도 한편으로는 지분시장에 참여하려는 신참자들에게는 의미 있는 입문서이자, 안내서 구실을 하는 책이었으면 하는 바람 역시 분명하다. 필자에게는 이미 그런 경험이 있다. 고수들만의 리그로 그들끼리만 잘 해먹고 있던 NPL 시장에 책으로 불을 질렀던 장본인이 바로 필자였다.

### 고수라서 무리하지 않는다는 법이 따로 있다?

그런 거 없다. 경매 1세대라고, 고수라고 무리하지 않는다는 법은 없다. 다만 겁 없고 힘만 센 돌연변이 병아리들과 경쟁하지 않으려고 할 뿐이다. 고수들이 피난 온 세상인 지분시장 판에는 여전히 블루오션이 존재한다.

경매 판에 블루오션이 언제까지 존재할 것인가? 우문이다. 자본주의가 무너지는 날까지 마르거나 줄어들지 않을 것이다. 특히 지분물건은 오히려 증가할 것이다. 지분물건이 증가할 거라는 필자의 전망을 곱씹어 봐주시기 바란다. 그중에서 블루오션을 찾아내지 못하는 것은 오직 병아리들의 내공문제일 뿐이다. 지분물건이 그중 하나다.

### 블루오션에는 어떤 진입장벽도 존재하지 않는다

새로 들어오려고 염탐을 하든, 떠나가든, 방해하거나 간섭하거나 붙잡는 사람은 없다. 다만 블루오션으로 진입하는 방법은 누구도 말해주지 않는다. 스스로 터득해야만 진입이 가능하다. 필자 역시 최근 경매 판의 멋진 블루오션을 발견했다. 더 이상 미주알고주알 떠들고 싶은 마음이 없지만, 독자들에게 이 책이 그 계기가 되기를 바랄 뿐이다.

멀리서 희미하게 비추는 등댓불을 보고 깨달아 찾아오는 독자들은 대환영이다. 여기서 하나만 확인하자. 이미 남들에 의해 발견된 블루오션도 매력이 있을 것이고, 자신의 형편에 맞게 찾아낸 블루오션 역시 매력 덩어리일 것이다. 그런 의미에서 하 씨에게 이 물건은 블루오션이었다. 2005년 12월 서울 중구 광희동 단독주택[49]이 먹잇감으로 선별됐다. 물건 개요는 다음과 같다.

### 경매 투자 고수에게 블루오션인 지분물건

물건내역을 보면 대강 이렇다.

---

49) 서울 중앙법원 2002-1893*[2]이다.

| 사건/채권<br>채무/감정 | 물건내역<br>주소/면적(㎡)/특기사항 | 감정평가액<br>(▼)최저경매가 | 법원임대차현황<br>주민/사업자/금액 | 등기내역<br>구분/등기일/금액 |
|---|---|---|---|---|
| 02-1893*<br>[2]<br>주택<br><br>삼은삼차유동<br><br>이명*<br><br>보증금 10%<br><br>─────<br><br>한국감정 | 서울 중구 광희동<br>268(2호)<br><br>물건번호 : 2번<br>(총 물건 수 3건)<br><br>2) 대지 112.4(1/2)<br>이명* 지분<br>건물<br>1층 29.75㎡(9평)<br>2층 23.14㎡(7평)<br><br>보존등기 : 1984.07<br>동대문운동장남측 인근 | 83,744,160원<br>(▼)83,744,160원<br>(100.0%)<br><br>낙찰 05.12.15<br>170,000,000원<br>(211.4%)<br><br>- 응찰 : 2명<br>- 낙찰자 : 한재* | 한이*<br>전입 1994.04.14<br>확정 1998.07.27<br>배당 2003.06.23<br>(보) 25,000,000원<br><br>정충*<br>전입 1995.12.01<br>확정 1998.07.27<br>배당 2003.06.02<br>(보) 28,000,000원 | 저당 1996.05.29<br>설정액/<br>750,000,000원<br>산업은행/서초<br><br>저당 1996.09.15<br>설정액/<br>2,250,000,000원<br>산업은행/서초<br><br>임의 03.02.14<br>청구액/<br>750,000,000원<br>삼은삼차유동화 |

* 대지 지분 : $112.4m^2$(1/2) - 17평
* 건물 면적 : 1층 $29.75m^2$(9평), 2층 $23.14m^2$(7평)
* 감정가격 : 83,744,160원
* 1차 입찰가격 : 170,000,000원
* 낙찰가율 : 83,744,160원/170,000,000원(211.4%)

    대지 34평이 1/2씩으로 나눠져 소유자가 각각 다른 공유지분물건이었다. 이 가운데 1/2인 17평만 경매에 부쳐졌다. 초보자들은 헛갈리기라도 하라는 듯이 임차인까지 버티고 있다. 권리분석이 좀 까다로운 물건이었다. 그런 물건을 단 한 번의 유찰도 없이 1차 입찰일에 감정가격의 2배가 넘는 가격에 과감하게 응찰한 사람이 바로 하지* 씨였다.

### 서울 중구 상업지역 땅값이 평당 500만 원이란다

오랜 부동산 투자와 경매 판 체험으로 이 물건의 가치를 한눈에 파악했다. 이제는 철거돼 사라져버린 동대문운동장 인근 중구 광희동의 상업지역 땅값이 평당 500만 원이라니 말 그대로 껌값 수준이었다. 이런 물건에는 병아리들은 죽었다 깨어나도 도전하지 못한다는 것을 단번에 아는 것이 선수들이다. 하 씨는 물 만난 고기처럼 물건 조사와 가치판단 조사까지 일사천리로 진행해 과감하게 배팅했다. 그런데 경매지상에 낙찰자로 이름을 올리고 있는 사람은 하 씨가 아니다. 한재*이라는 다른 사람이다. 어떻게 된 영문일까?

### 지분권자가 공유자우선매수청구권을 행사

이 물건의 구성 내역을 먼저 이해해야 전체 흐름이 이해된다.

* 대지 소유 : 112.4$m^2$(1/2) – 각 17평
  ① 이명* : 1/2 소유 – 경매 대상이 된 대지 지분
  ② 한재* : 1/2 소유 – 공유자우선매수청구권을 행사해
      낙찰자가 된 사람
* 건물 면적 : 1층 29.75$m^2$(9평), 2층 23.14$m^2$(7평) – 이명* 소유 지분이 경매 대상이다.

물건 내역란의 '2) 대지 112.4(1/2) 이명* 지분'만이 경매 목적이고, 1/2은 최고가매수인란에 이름을 올리고 있는 한재* 씨가 소유자인 경우였다. 1/2 소유자인 한재* 씨는 공유 부동산의 지분 소유자에게 특별히 허락하는 권리인 공유자우선매수청구권을 행사하겠다고 경매 법원에 신청을 하고 있었다.

당초 응찰자였던 하 씨 역시 이 사실을 잘 알고 있었다. 물건은 욕심나고 공유지분권자가 공유자우선매수청구권이라는 초필살기를 동원하고 있어 낙찰에 이은 잔금 납부까지 결코 쉽지 않았다. 그래서 동원한 전술이 고가 응찰이었다. 앞에서 소개하고 있는 사례와 마찬가지로 똑같은 전략을 구사하고 있는 것이었다. 지분권자가 따라 들어오기 힘든 가격(높은 가격)에 응찰해버리면 공유자우선매수청구권을 포기하지 않을 수 없을 것이라는 판단을 했다. 사고는 여기서부터 터졌다. 경매 당일, 경매 법원의 개찰대 앞 상황이다.

**2005년 12월 15일 서울중앙지방법원 경매 입찰장**

**집행관** : "2002-1893*[1, 2, 3]번에 응찰하신 분들 앞으로 나오세요. 나오실 때는 신분증, 도장 지참하시고요. … 그럼 2002타경1893* 물건번호[2]번에 응찰하신 분들 앞으로 나오세요. 나오실 때 호명하면 대답하고 나오세요. 주식회사 하이엠 대표이사, 정문* 씨!"

정문* : "네!"

집행관 : "하지* 씨!"

하지* : "네."

집행관 : "앞으로 나오세요. 두 분 맞습니다. 그럼 개찰하겠습니다. 개찰 결과는 1억 7,000만 원에 응찰하신 용산구 이태원동에서 사시는 하지* 씨입니다. 응찰가격은 1억 7,000만 원입니다. 하지* 씨, 잠깐만 기다리세요. 이 물건은 지분권자가 공유자우선매수청구권을 행사하고 있어 이 부분을 확인하고 나서 최고가매수인을 발표하겠습니다. 아시겠죠?"

하지* : "네."

집행관 : "공유자우선매수청구권을 행사하신 한재* 씨. 한재* 씨 안 나오셨어요? 한재* 씨 오셨으면 지금 법대 앞으로 나와 주세요! 한재* 씨?"

한재* : "네, 나갑니다!"

그런데 호명당한 한재* 씨만 앞으로 나가는 게 아니라 서너 명이 우르르 몰려나왔다. 그중에는 한재* 씨의 처로 추정되는 아주머니도 한 명이 있었다. 50대 중반으로 보이는 뚱뚱한 이 아주머니는 법대 앞으로 나오자마자 다짜고짜 최고가로 응찰한 하지* 씨에게 험하게 언성부터 높였다.

### 아무도 못 말리는 대한민국 아줌마

"뭐야? 당신이 그렇게 돈이 많아?"
"무슨 소리세요?"
"돈이 많으면 혼자 지랄할 일이지, 왜 1억 7,000만 원에 응찰하고 난리야? 난리가?"
"뭐가 잘못됐나요?"
"지금 나한테 '뭐가 잘못됐나요?'라고 했어 지금?"
"네, 그리고 누구세요? 언제 봤다고 다짜고짜 반말이세요?"
"뭐야? 확 받아버리기 전에 조용히 안 해!"

상황이 이쯤 되자 집행관이 나섰다.

"아주머니, 아주머니는 누구세요? 조용히 하세요! 조용히!"
"내가 지금 열 받아 죽게 생겼는데 조용히 하게 생겼어?"

나머지 지분 1/2도 욕심이 나서 공유자우선매수청구권으로 싸게 낙찰받으려던 계획이 틀어지자 그 화풀이를 고가 입찰한 하지* 씨에게 퍼붓고 있는 상황이었다. 경매 담당 집행관에게까지 험한 말로 소리치는 대한민국의 용감한 아주머니셨다.

**집행관** : "아주머니는 진정하시고요. 누가 한재* 씨세요?"

옆에 서서 눈만 껌벅이던 아저씨가 마누라 기세에 눌린 듯 기어들어가는 목소리로 어눌하게 대답했다.

한재* : "접니다."
집행관 : "1억 7,000만 원에 응찰한 것 보이시죠?"
한재* : "네."
집행관 : "이 가격에 공유자우선매수청구권을 행사하시겠습니까?"
한재* : "그 가격 아래로는 안 되나요?"
집행관 : "네, 딱 이 가격입니다. 행사하시든가, 포기하시든가 3분 내로 결정해주세요."
한재* : "알겠습니다."
집행관 : "나머지 분들은 잠시 조용히 기다려 주시고요."
한재* : "낙찰받겠습니다."
집행관 : "그럼 한재* 씨는 잠깐만 계시고요. 하지* 씨!"
하지* : "네."
집행관 : "공유자가 우선매수권 행사하는 것은 확인하셨죠?"
하지* : "네."
집행관 : "차순위매수신고 하시겠어요?"
하지* : "아니요."
집행관 : "정재* 씨는 어떠세요?"
정재* : "저도 차순위매수신고 하지 않겠습니다."
집행관 : "그럼 2002타경1893* 물건번호[2]번의 개찰결과를

말씀드리겠습니다. 이 물건은 공유자이신 한재* 씨가 1억 7,000만 원에 공유자우선매수청구권을 행사해서 최고가매수인으로 결정됐습니다. 이것으로 2002타경1893* 물건번호[2]번 경매 진행 절차를 종료합니다."

## 닭 쫓던 개 지붕 쳐다보는 신세

닭 쫓던 개가 지붕 쳐다보는 신세가 된 하지* 씨에게 문제의 뚱뚱한 아주머니는 경매 법정 바깥까지 따라 나와서 욕설과 시비를 계속했다. 심하다는 생각이 들고, 웬 망신인가 싶었지만 하 씨는 참았다. 충분히 이해가 됐기 때문이었다. 하 씨 자신도 그 점을 노리고 들어간 응찰이었으니 말이다. 선수들끼리의 리그에서는 얼마든지 있을 수 있는 일이다. 양자가 쟁취하고자 한 본질은 '가치'였다. 해당 부동산의 미래 가치를 두고 벌인 한판 승부는 차라리 아름답다.

하지* 씨는 공유자우선매수청구권을 무력화시키려는 전술로 '고가 응찰'을 구사했다. 한재* 씨는 하지* 씨의 고가 응찰을 공유자우선매수청구권으로 응수했다. 싸움이란 어차피 승자와 패자가 있기 마련이다. 차지하려 하는 자와 지키려고 하는 자 사이에는 물러설 수 없는 한판의 진검승부가 있을 뿐이다. 빼앗기지 않으려는 자의 입장에서 보면 돈을 앞세워 공격하는 자가 얼마나 얄밉겠는가? 감정가격을 기준으로 무려 1억여 원 가까이를 더 부담했다. 여러분이라면 어떻게 반응할 것인가?

좀 더 있다가는 그 아주머니에게 멱살이라도 잡힐 것 같은 생각마저 들더란다. 어차피 끝난 일 쓸데없이 시비 수에는 휘말리지 말아야겠다는 생각에 도망치듯 서둘러서 그 자리를 빠져나왔다. 남들이 보면 죄 짓고 도망가는 사람처럼 말이다. 그런 하 씨 뒤통수로 씩씩한 아줌마의 고함과 욕설이 성난 화살처럼 쏟아졌다.

## 지분을 확보한다는 것의 핵심 포인트

여기서 주목해야 할 점 하나는 지분물건을 낙찰받게 되면 지분권자의 지위를 누리게 된다는 것이다. 이 책의 핵심으로 당연한 이야기다. 그러나 이것, 즉 지분권자가 되는 비밀을 놓치는 독자들이 많아서 한 줄 더 적는다.

작게는 수십 평에서부터 크게는 몇 천, 몇 만 평짜리 땅이나 수십 수백억 원짜리 빌딩이라도 '0.1평, 1,000분의 1만큼'이라도 지분을 확보만 한다면, 그것을 지렛대로 전체를 쓰러뜨릴 수 있고, 그 전체를 차지할 수도 있는 것이 지분물건 투자의 핵심이자, 비밀이다.

# 03
## 맛보기로 보여드리는 법정지상권 요리방법

**법정지상권의 개념**

토지와 건물은 별개 부동산이고 따로 처분하는 데 아무런 제약이 없다. 어떤 이유로 토지와 건물의 개별 입찰이 진행된다면, 그리고 지상에 건축물이 존재하고 있다면 법정지상권의 생성 가능성을 살펴봐야 한다.

토지와 건물 또는 수목이 동일인의 소유였다가 매매·증여·경매 등의 사유로 각각의 소유자가 달라지는 경우가 있다. 이때 새로운 토지 소유자가 자신의 권리를 주장하면서 토지 위의 지상 건물을 철거해달라고 하면, 새 건물이라도 법적으로는 철거할 수밖에 없는데 이는 국가적인 낭비가 아닐 수 없다.

따라서 일정한 요건을 갖춘 경우 건물이나 수목의 소유자에게 법적으로 지상권을 인정해줘서 토지의 사용을 확보해줌으로써 건물이나 수목의 존립을 보호하는 권리가 바로 법정지상권이다.

매매나 경매로 건물 소유자가 법정지상권자가 되면 토지를 낙찰받은 사람(지상권 설정자)은 소유권을 갖게 돼도 지상권의 법정기간 동안 토지를 자기 마음대로 사용할 수 없다. 지료는 양 당사자 간의 약정에 의해 결정되고, 합의되지 않을 경우 당사자의 청구에 따라 법원이 결정한다. 법정지상권이 성립하지 않을 때는 건물 철거소송 등을 통해 토지 사용방법을 확보할 수 있다. 또 일단 성립했던 법정지상권에 대해 지상권자(건물주)가 지상권 설정자(토지주)에게 법정지료를 2기 이상 납부하지 않아도 법정지상권은 부정된다.

### 법정지상권 성립 여지 있는 물건은 양날의 칼

법원 경매에서 법정지상권 성립 여지 있는 물건은 양날의 칼이다. 초보자들은 어려워 피하는 반면, 고수들은 역으로 이런 물건에만 투자하는 사람도 있다. 필자도 이런 물건을 여러 건 입찰해서 요리해봤다. 이 책의 기본 성격과 다소 어긋나는 면이 있어 더 이상의 언급은 자제하지만, 병아리 투자자들과 경쟁하기 싫은 사람이라면 공부해서 도전할 가치가 충분하다.

법정지상권이란 법률이 규정하고 있는 일정한 요건들을 갖췄을 때 성립한다. 민법 제366조 법정지상권의 성립 규정과

판례를 보면 그 요건은 다음과 같다.

* 토지 저당권 설정 당시 건물이 존재해야 하고,
* 토지와 건물의 소유자가 동일인이어야 하며,
* 토지와 건물 어느 한쪽 이상에 저당권 등이 설정돼 있어야 하고,
* 경매나 매매로 인해 토지와 건물의 소유자가 달라져야 하며,
* 법정지상권 성립을 부정하는 특약이 없어야 한다.

민법상 법정지상권의 존속기간에 관해서는 아무런 명문 규정이 없다. 다만 존속기간을 정하지 않는 일반 지상권의 경우에 준해 최단 존속기간을 법정지상권의 존속기간으로 본다. 따라서 법정지상권이 성립하면 석조·콘크리트조 등 견고한 건물이나 수목의 소유를 목적으로 하는 경우 30년, 그 밖의 건물 소유를 목적으로 하는 경우 15년, 기타 5년으로 한다.

### 법정지상권이 성립하는 것을 전제로 투자 전략을 세워야

토지와 건물 중 토지만 경매에 나온 법정지상권 성립 여지 있는 물건에는 '지상에 입찰 외 건축물 있음'이라는 문구가 표시되기도 한다. 처음에는 어렵게 느껴지겠지만 몇 번을 읽어서라도 소화시킬 가치가 있는 내용이다. 시중의 경매 관련 서

적들은 법정지상권이 성립하면 하자 있는 물건이므로 응찰하지 말라는 정도에서 그치는 경우가 많지만, 실상은 법원 경매 물건 투자 경험이 많은 경매 고수들은 오히려 이런 물건을 아주 좋아한다. 그리고 삼계탕용 사이의 분위기도 법정지상권 성립 여지 있는 물건에 대한 공포감이 많이 사라진 것 또한 사실이지만, 반드시 주의해야 하는 것 또한 필요하다.

### 법정지상권이 성립한다면

법정지상권이 성립하면 토지 소유자는 건물 소유자에게 토지 사용료인 지료를 청구할 수 있는데, 이런 물건에 투자하는 사람들의 목표는 지료가 아니고 건물까지다. 즉 경매 고수들의 진짜 목적은 토지만 낙찰받고 마는 것이 아니라, 차후에 건물의 소유권까지 취득하려는 것이다. 초보자들의 눈에는 복잡하고, 뭔가 함정이 있을 것처럼 보여 엄두조차 나지 않는 경우가 대부분이지만, 고수들은 알짜 물건에 응찰해 톡톡히 재미를 본다.

법정지상권이 성립하는 경우가 아니라면 지상건축물철거소송 등을 통해 토지 사용권을 회복할 수 있다. 반면 대지와 분리된 건물만 낙찰받을 경우 건물의 철거소송 등에 휘말릴 수도 있다. 따라서 법정지상권 성립 여지 있는 물건에 응찰하는 경우, 법정지상권이 성립한다는 전제하에서 입찰전략과 가격을 결정해야 한다.

### 법정지상권 성립할 때 투자 전략 4가지

법정지상권 성립 여지 있는 경매 물건의 투자 전략은 대강 다음과 같이 4가지로 구분된다.

① 토(대)지를 낙찰받고 난 다음 지상의 건(축)물이나 수목 등을 일반 매매로 구입하는 방법.
② 토(대)지를 낙찰받고 난 다음 법정지상권자에게 토(대)지를 매각하는 방법.
③ 지료확정소송을 통해 지료를 확정한 다음 지상의 건(축)물이나 수목 등을 구입하는 방법.
④ 법정지상권을 무력화시킨 후에 지상의 건(축)물이나 수목 등을 구입하는 방법.

### 소송이란 언제나 상대적이다

민사소송이라는 것이 상대적이라는 점은 명심해야 한다. 대법원 판례를 포함한 법정지상권 관련 기존의 판례들 역시 참고사항에 불과하다는 점이다. 투자 자금이 부족하거나 경험이 많지 않은 독자들에게는 수익성만 강조하고 권하는 무책임한 행동은 하지 않겠다. 그리고 이 책의 성격상 더 이상의 언급은 자제하겠다. 다만 지금까지의 경험을 통해 보면 민사소송을 통한 문제 해결은 결국 시간과 돈의 싸움이다. 이 대목에서 독자 여러분들이 기억했으면 하는 옛말 중에 '송사 좋아해서 잘되는 놈 본 적 없다'라는 말이 있다.

# 04
## 허위로 신고했다가 형사처벌 받을 수 있는 유치권

**말도 많고 탈도 많은 '유치권'이라는 괴물**

법원 경매 투자에서 가장 말도 많고 탈도 많은 것이 유치권[50]이다. 다른 사람의 물건(동산)이나 부동산을 원인으로 받을 돈을 전액 받을 때까지 물건(부동산은 점유)을 보관하고 있거나, 돈을 못 받게 되면 임의로 처분할 수 있는 권리를 유치권이라고 한다. 건축업자의 신축공사대금 또는 주택의 일부를 개수·보수하고 받지 못한 공사비를 받을 때까지 해당 부동산을 점유하거나 고장 난 시계를 수리했다가 일정 기간이 지난

---

[50] 부동산학과 대학원 석·박사과정 학위논문 중에서 논문주제 1위가 '유치권'이라는 통계가 있다. 법학과 학위논문의 단골주제 중 하나도 역시 유치권 관련 연구다. 그만큼 다양한 각도의 조명이 필요하다는 뜻이다. 나의 견해로는 연구에 연구를 거듭해도 결론이 거의 나지 않을 분야가 법원 경매로 소유권을 취득할 때 성립할 여지가 있는 유치권 분야가 아닌가 한다.

후에도 주인이 찾아가지 않으면 수리의 대가로 그 시계를 처분해 수리비용에 충당할 수 있는 권리 등이 이에 속한다(민법 제320조 1항).

부동산 경매에서 유치권이 성립하는 경우 낙찰자는 낙찰대금과 별도로 유치권자의 채권을 추가 인수해야 한다. 유치권은 우선변제권은 인정되지 않지만, 목적물의 경매 또는 강제집행이 진행돼 소유권에 변동이 생기더라도 새로운 소유자에게 유치권에 기한 채권을 변제받을 때까지 목적물의 인도나 명도를 거절할 수 있다는 점에서 사실상 우선변제권이 있는 것으로 보는 것이 타당하다. 직접 점유뿐만 아니라 간접 점유하고 있는 경우에도 유치권이 성립하는 것으로 보며, 점유권을 상실할 때는 유치권도 소멸한다(민법 제328조).

### '유치권 성립 여지 있음'으로 표시

유치권은 부동산 등기부상에 등재되는 권리가 아니다. 경매기록에 '유치권 성립 여지 있음'으로 표시되는 것이 일반적이며, 성립하는 경우 말소기준에 상관없이 경매 결과로 소멸되지 않고, 낙찰자가 무조건 인수해야 하기 때문에 주의해야 한다. 인수해야 한다는 말은 추가비용이 발생한다는 말이다. 따라서 '무조건 인수'해야 한다는 말은 추가비용이 무조건 발생한다는 의미다. 다만, 주목할 점은 채권자(유치권자)의 청구내역을 법원이 전부 인정하는 것은 아니라는 점이다. 즉 유치권을 주장하는 내용에 대해 법원이 재판을 통해 판단한 금액만큼만 인정된다. 즉 유치권 성립 여지 문제와 실제 채권금액과는 차이가 있다.

### 유치권 성립요건 기본 4가지

유치권의 성립요건은 기본적으로 4가지를 모두 충족해야 성립하는 것으로 본다.

① 채권이 점유하고 있는 당해 목적물(부동산이나 유가증권 등)로 인해 직접 발생한 것.
② 유치권 주장자가 목적물을 지속적이고 합법적으로 직접 또는 간접 점유하고 있어야 할 것.
③ 해당 채권이 변제기에 있어야 할 것.
④ 당사자 간의 유치권 발생을 배제하는 특약이 없어야 할 것.

일반적으로 유치권은 우선변제권이 없어 경매 배당에 참가하지는 못한다. 따라서 낙찰자에게 인수되는 권리이고, 채권을 변제받기 위해 목적물을 경매 신청할 수 있으며, 목적물의 임대 또는 대여를 통해 발생하는 수익금을 가질 수 있고, 비용상환청구권을 가진다.

### 현재 경매 시장에서의 유치권 악용현황

"경매 관계자 전체를 죽이는 암 덩어리들 중에 이런 악질적인 암 덩어리가 없습니다!"

"경매 진행되는 물건에 어지간하면 유치권 신고 안 된 물건이 없을 정도라고 하던데요?"

"유치권 신고제도부터 싹 뜯어고쳐야 합니다!"

"유치권 신고를 우편 접수로도 받아준다고 하던데 정말인가요?"

"그런 실정입니다."

"유치권이 신고되면 유치권은 언제나 성립되나요?"

"유치권 신고와 성립 여부는 별개 사항입니다."

"별개 사항이라고요?"

"유치권 성립 여부는 경매 사건과는 별개 소송 등을 통해 판가름이 납니다!"

"그럼에도 경매 낙찰가격을 현저히 떨어뜨린다는 말씀인가요?"

"유치권 신고된 물건은 경락잔금 융자 때도 나쁜 영향을 미칩니다!"

"그런 이야기를 들어본 적 있습니다!"

### 허위 유치권의 문제점과 해결방안

다만 유치권 신고가 됐다고 해서 모두 인정되는 것은 아니며, 법원 경매와 유치권 신청은 별개의 사건이다. 따라서 소유권 취득 후 유치권을 주장하는 권리자와 협상 또는 소송 등을 통해서 인수금액이 정해진다.

그러나 정작 낙찰자를 궁지로 몰아넣는 것은 신고된 유치권보다도 신고조차 되지 않은 유치권이다. 실무에서 낙찰 후에 뜬금없이 유치권을 주장하고 나서는 경우도 흔하다. 현재 유치권은 경매 법원에 신고하지 않아도 진정성이 확보되면 얼마든지 성립하는 권리다. 즉 낙찰자 입장에서는 도깨비와 싸우는 꼴을 당할 수도 있다. 현장조사나 낙찰 전에는 없었던 유치권자가 낙찰 후 또는 소유권 취득 후에 나타나는 경우가 그것이다. 허위 유치권이 발생할 가능성이 농후해지는 대목이다.

주장하는 유치권 내용과 채권금액 역시 신뢰할 수 없는 경우가 허다하다. 관련법인 민법과 민사집행법이 개정돼야 할 분명한 필요가 여기에 있다. 법 개정의 필요성이나 성립요건의 엄격성, 성립요건의 제한성 등에 문제 인식의 공감대가 형성되고는 있지만, 여러 이유들로 인해서 개정의 결실을 보지 못하고 있다. 그러나 관련법이 개정되지 않고 있다고 해서 문제 해결방법이 없는 것이 아니다.

### 허위 유치권자를 형사처벌 하는 사례가 늘고 있다

　유치권 관련 연구 등을 보면 경매 질서를 문란하게 하는 제1원인이 바로 '허위 유치권'이다. 진정한 권리자라면 보호하는 것이 마땅하지만, 허위 유치권을 주장하는 자에게는 형사처벌을 포함한 처벌을 가하면 될 일이다. 허위 유치권자에 대해서 공무집행 방해, 경매 방해, 사기미수, 사기, 사문서 위조 및 동행사죄, 업무 방해 등의 죄목을 적극적으로 적용하는 것이다. 즉 현행법만으로도 얼마든지 바로잡을 수 있지만,[51) 52)] 그러나 이 조항들은 거의 사문화돼 있는 것이 현실이다.

　경매 법원에 신고하지 않은 유치권자의 주장은 받아들이지 말아야 하고, 성립도 인정하지 말아야 한다. 진정한 채권이라면 신고하지 않을 이유가 없기 때문이다. 특단의 조치를 통해서라도 경매 질서를 어지럽히는 허위 유치권자가 더 이상 활동하지 못하도록 해야 한다. 허위 유치권자들의 종횡무진 활발한 활동으로 인해 채권자, 낙찰자, 경매 법원 등이 막대한 피해를 당하고 있으며, 사회적·국가적으로도 막대한 손실이 발생하고 있다는 것이 연구 결과다.

---

51) 대법원 2009.9.24. 선고 2009도5900 판결, 대법원 2008.2.1. 선고 2007도 6062호.

52) 〈참고조문〉
- 형법 제314조(업무방해) : ① 제313조의 방법 또는 위력으로써 사람의 업무를 방해한 자는 5년 이하의 징역 또는 1,500만 원 이하의 벌금에 처한다.
- 형법 제315조(경매, 입찰의 방해) : 위계 또는 위력 기타 방법으로 경매 또는 입찰의 공정을 해한 자는 2년 이하의 징역 또는 700만 원 이하의 벌금에 처한다.

# 05
## 공유지분 낙찰부터 마무리까지

**입찰보증금 894,300원짜리 면적 110평 세종시 지분물건**

| 소재지 | 세종특별자치시 소정면 대** 29*-** | | | | |
|---|---|---|---|---|---|
| 경매구분 | 강제경매 | 채권자 | 이** | | |
| 용도 | 임야 | 채무/소유자 | 김**/김** 외 *5 | 매각기일 | 2018.07.10 (12,880,000원) |
| 감정가 | 12,775,000원 (2017.11.08) | 청구액 | 30,000,000원 | 다음예정 | |
| 최저가 | 8,943,000원 (70%) | 토지면적 | 전체 6,102㎡ 중 지분 365.0㎡ (110.4평) | 경매개시일 | 2017.10.24 |
| 입찰보증금 | 10%(894,300원) | 건물면적 | 0.0㎡(0.0평) | 배당종기일 | 2018.03.30 |
| 주의사항 | 지분매각·입찰 외 | | | | |

독자 여러분들은 지금까지 지분과 관련해 쓴 어떤 경매 책에서도 구경하지 못한 내용을 보게 될 것이다. 지분물건을 낙찰

받아 마무리까지 전 과정을 생생히 보여드리겠다. 아울러 이 책을 통해 보여드리는 모든 투자 사례와 자료는 필자가 현재 직접 낙찰받아 처리하고 있거나, 최근 처리 완료한 지분물건 사례들이다.

### 최근 처리(한)하고 있는 지분물건 투자 사례들 증거

* 낙찰받은 지분물건
    ⬇
* 낙찰받은 영수증
    ⬇
* 분할협의를 요청하는 내용증명 우편
    ⬇
* 송달을 위한 주소 확보 방법
    ⬇
* 보유지분을 매각해달라는 내용증명
    ⬇
* 공유물분할소송
    ⬇
* 분할청구소송 취하
    ⬇
* 조정이 성립돼 작성된 조정조서
    ⬇
* 조정조서에 따라 작성된 매매계약서

### 지분경매의 시작부터 끝까지를 보여드리겠다

말 그대로 지분경매 진행의 처음부터 끝까지를 보여드리겠다는 것이다. 물론 이 책은 돈 되는 지분물건을 직접 골라내는 내용까지 담지 못하는 한계가 있다. 그러나 여러분들은 이 책에서 제시하고 있는 투자 방향을 등대 삼아 따라가도 무방할 것이다. 당연한 이야기지만 물건마다 특징에 따라 사용하는 칼을 달리해야 한다.

"소 잡을 때는 소 잡는 칼을, 닭 잡을 때는 닭 잡는 칼을, 회 뜰 때는 회칼을 사용해야 하는 것은 당연한 이야기입니다."
"어디 가면 칼 고르는 방법을 알 수 있을까요?"
"제 입으로 어떻게 말할까요?"
"지분경매, 독점경매 주말 집중반을 수강하라는 말씀이시죠?"

오시기만 하면 책에는 쓰지 못한 생생하고 다양한 투자 사례와 물고기 잡는 법을 알려드리겠다.

"칼을 쓸지, 도끼를 쓸지, 번개로 요리할지 책에서 설명하기는 불가능합니다."
"사용하는 방법까지도 알려주신다는 말씀이시죠?"

투자는 시간과의 싸움이다. 물고기든, 닭이든, 소든 잡아놓고 손질 안 하면 바로 상하고 만다. 참고로 공유지분 낙찰부터 마무리까지 대강의 전체 과정 내용은 독자 여러분들의 이해와 편의를 위해 여러 개 물건을 시계열상으로 혼합해서 설명하고 있는 점을 양해 바란다.

**입찰보증금이 894,300원짜리 낙찰 영수증**

| 사건번호 | 물건번호 | 부동산 매각 보증금액 | 비고 |
|---|---|---|---|
| 2017타경149▓▓ | 1 | 894,300원 | |

2018년 7월 10일에 2017타경149** 건에 응찰하고 제공한 입찰보증금이 894,300원이다. 우습게 보인다는 분들도 계실지 모르겠지만, 소액 지분경매의 핵심이다.

"박사님 책은 이런 점이 좋습니다."

"이 정도 금액이면 한번 해볼 만하다는 말씀이시죠?"
"이 정도 금액이라면 잘못되도 좋으니 직접 경험 한번 해보고 싶습니다."

독자들에게 꼭 전해 드리고 싶은 핵심이다.

**지분권자들에게 분할협의를 요청하는 내용증명 우편**

공유지분물건을 낙찰받아 잔금을 치르고 나서 지분권자들에게 분할협의를 요청하는 내용으로 발송한 내용증명 우편이다. 낙찰받을 때까지는 혼자 하는 게임이었다면, 지금부터는 지분물건의 처리를 위한 첫걸음으로 입장이 전혀 다르다. 그리고 낙찰자를 전혀 좋아하지 않는 상대와 하게 되는 게임이다.

부모님에게 상속 등으로 소유권을 취득했던 지분물건을 낙찰당한 기존의 지분권자들의 피해의식과 분노가 낙찰받은 지분권자에게 향하는 경우가 흔하다. 극히 조심스럽게 접근해야 할 이유다.

"지분권자가 6명이어서 우편물이 6통인가요?"
"네, 각각 보내야 합니다."
"지분권자 수가 지분물건 투자의 관건이라는 말이 실감나네요."

맞는 말이다. 송달 문제를 넘어야 하기 때문이다.

### 지분권자가 해외거주민일 때 송달을 위한 주소 확보 방법

송달 때문에 시간이 오래 걸려 애먹는 분들도 상당하다.

"소송에서는 송달이 수익률을 결정하는 중요한 변수입니다."

지분권자가 외국에 체류하고 있을 때 분할소송을 제기하면서 재판부에 이런 요청을 하면, 재판부가 외교부를 통해서 해외거주자의 주소를 파악해준다.

"나라마다 확인 기간이 다를 것 같아요?"
"우리 교민이 많이 사는 미국, 캐나다, 호주 같은 곳은 신

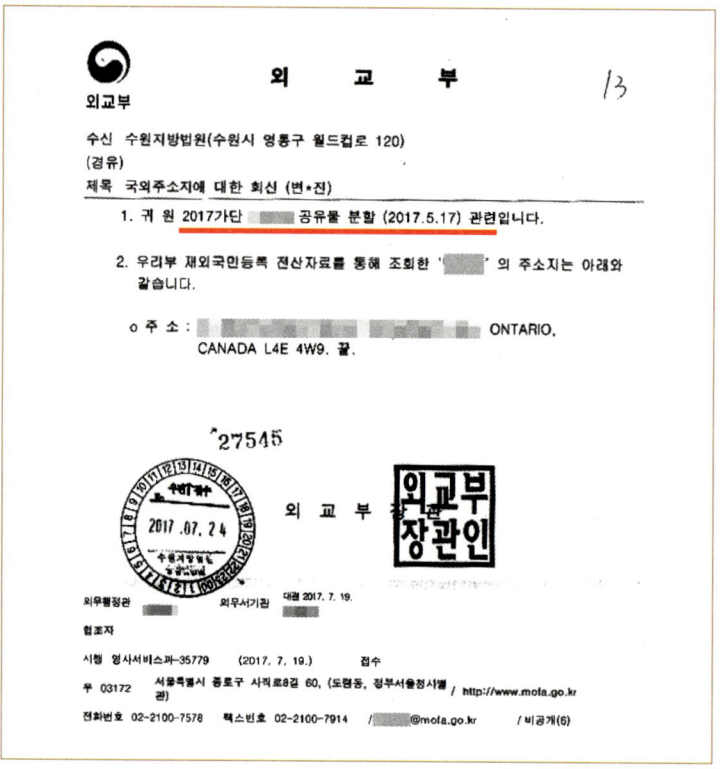

청에서 확인까지 2~3개월 걸린다고 하더라고요. 그러니 다른 나라는 좀 더 걸린다고 보고 진행하시면 될 것 같습니다."

**기존의 지분권자들에게 보유지분을 매각해달라는 내용증명**

지분을 경매로 매입한 후 기존의 지분권자들에게 보유하고 있는 지분을 매각해달라는 내용의 우편물이다. 공유지분, 독점

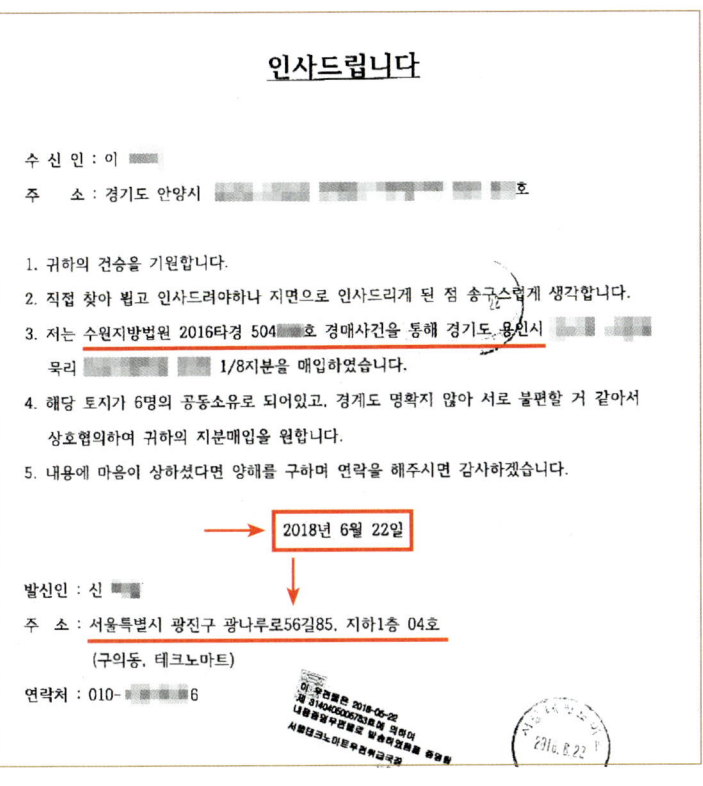

경매, 후순위 채권을 매개로 전국화에 시동을 걸고 있는 우리들의 보금자리 강변테크노마트 지하 1층 04호 주소가 뚜렷하다. 필자가 낙찰받아 소유권을 취득한 곳에서 전국 제패를 꿈꾸고 있다. 독자 여러분들은 조만간 실체를 보시게 될 것이다.

"기존의 지분권자들에게 기분 상하지 않게 공손한 문구를 사용하시네요?"

## 기존의 지분권자들과 협의가 안 돼 제기한 공유물분할소송

기존의 지분권자들과 협의가 안 되자 지분물을 분할해달라는 소송을 법원에 제기했다.

"소송으로 가는 경우가 많은가요?"

매 경우마다 달라서 한마디로 정의하기는 쉽지 않다.

"이 건을 진행했던 분이 최 선생님이라고 하셨죠?"
"여수 밤바다 실제 모델입니다."
"멋있게 사는 방법도 여러 가지라는 생각이 들었습니다."
"분할로 일단 마무리됐다면서요?"
"시원하시답니다."

## 지분권자들과 합의로 분할청구소송을 취하

소취하서

[담당재판부 : 제 ***부(단독)]

사건　2017가단**** 공유물분할
원고　농업회사법인(주)**투자(변경 전 : 주식회사 **투자)
피고　김** 외 6명

이 사건에 관하여 원고는 소를 전부 취하합니다.

2018.06

원고 농업회사법인(주)**투자(변경 전 : 주식회사 **투자)(날인 또는 서명)
(연락처) 010-****-****

피고들은 원고의 소취하에 동의합니다.

피고　김**　(날인 또는 서명)
피고　정**　(날인 또는 서명)
피고　정**　(날인 또는 서명)
피고　정**　(날인 또는 서명)
피고　정**　(날인 또는 서명)
피고　정**　(날인 또는 서명)
피고　정**　(날인 또는 서명)

의정부지방법원　*****　귀중

분할신청 소송을 제기 후 기존의 지분권자들과 합의가 돼 분할청구소송을 취하하고 있는 중이다. 지분물건의 경우 소송으로 가면 거의 이 단계에서 어떤 식으로든 합의가 이뤄진다.

"소송으로 가면 서로 유리할 것이 별로 없기 때문입니다."

지분 낙찰을 받은 사람은 그 땅을 활용할 특별한 이유가 있다기보다는 수익(률)을 보고 입찰한다. 반면, 기존의 지분권자에게는 그 땅을 지켜야 할 이유가 많다. 분할을 위한 형식적 경매가 진행되면 경우에 따라서는 팔기 싫은 땅을 경매당해 자기 지분까지 넘어가버리는 경우가 생길 수 있다. 상호 협의가 될 여지가 많은 대목이다.

**분할청구소송을 통해 조정이 성립돼 작성된 조정조서**

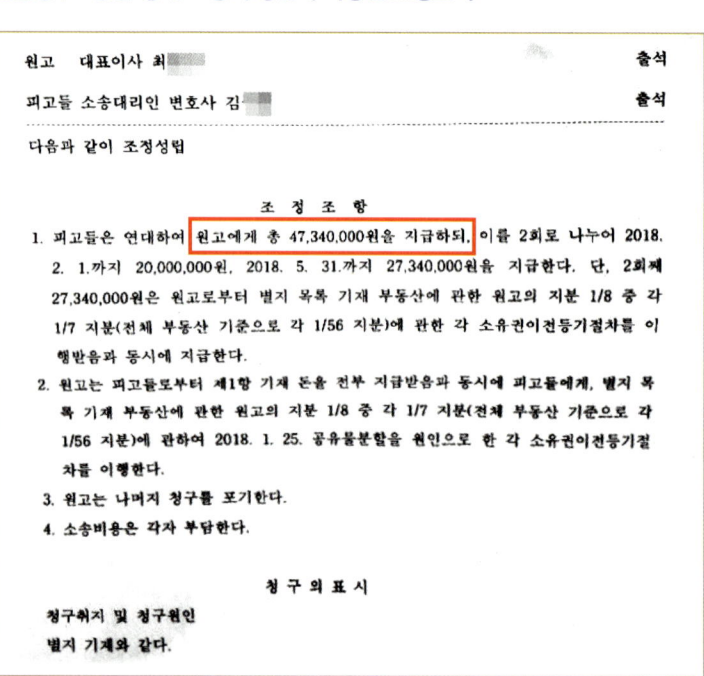

2016년 12월 1일에 15,789,000원에 낙찰받아 2016년 12월 30일에 잔금 납부했다. 분할소송 중 상대방에게 47,340,000원

에 매각하기로 하고, 대금은 두 차례로 나눠 지급받기로 했다. 마지막 잔금은 2018년 5월 31일에 받기로 하고, 거기에 따른 소유권이전 등은 협조하기로 한다는 조정 내용이다.

**앞 페이지 조정조서에 따라 작성된 매매계약서**

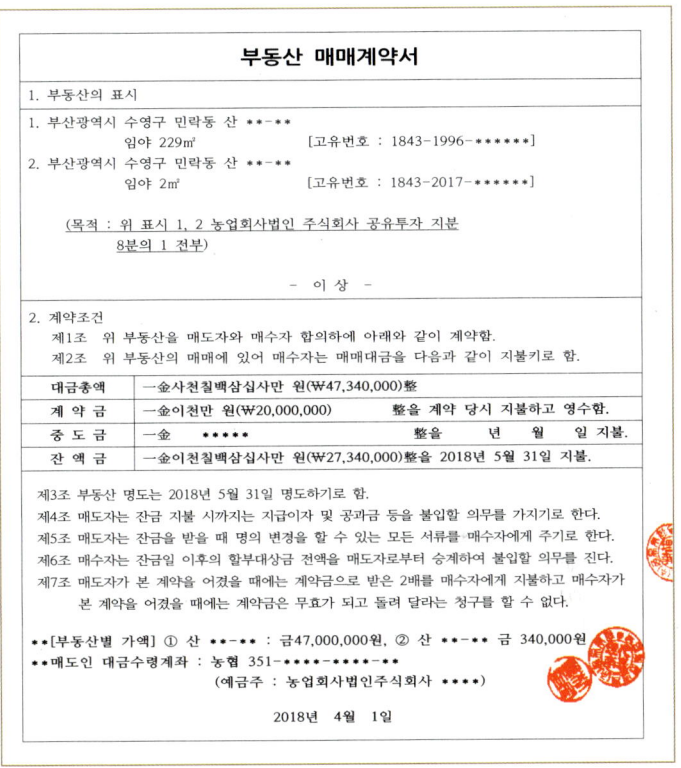

"1년 6개월 걸렸네요."

"많이 양보하고 끝낸 사건입니다."

"1년 6개월에 3배면 많이 버신 겁니다."

## 06 전국 석권을 목표로 한 쓰레기채권 치우기 사업

**후순위 저당권 매입**

"무잉여채권을 매입하는 회사를 운영한다는 것이 어떤 말씀인지 이해가 잘 안 됩니다."

"그러실 겁니다. 대한민국에서 아직까지 누구도 시도하지 않은 사업입니다."

"아직까지 아무도 하지 않는다는 것을 어떻게 해석하면 좋을까요?"

"둘 중 하나입니다. 돈이 안 되기에 아무도 시작하지 않았거나, 아니면 시장이 존재하는데도 불구하고 발견하지 못해 개척자가 없는 것이죠!"

"박사님은 후자 쪽으로 판단하고 있다는 말씀이시죠?"

개척할 시장이 있다는 것을 우리는 알고 있다.

"틈새 시장일까요?"
"본류가 될 것입니다."
"수익이 발생할까요?"
"누구도 따라오지 못할 시장으로 만들어보겠습니다."
"가능할까요?"
"2등 이하 시장 참여자는 장식품 정도에 불과할 절대 시장을 구축하겠습니다."
"그림을 조금만 보여주실 수 있을까요?"
"아니요. 당분간은 공개할 수 없습니다."

### 가압류채권

"경매 들어간 물건에서 배당표를 써 보면 가압류채권이 배당받는 경우는 극히 드물죠."

배당 한 푼 못 받은 이른바 쓰레기채권을 사겠다는 말에 어안이 벙벙한 독자들의 당혹스런 표정이 보인다.

"생각을 뒤집으면 의외로 신선한 방법이 있습니다."
"아무리 생각해봐도 후순위 가압류채권을 매입한다는 것이 이해되지 않습니다."
"두고 보시면 됩니다."

### 공유지분물건 매입

"우리가 당분간 집중할 투자 아이템입니다."
"경매 진행 중에 지분을 매입한다는 아이디어는 그럴 듯합니다."

매매로 취득하거나 경매, 공매로 취득하거나 어떻게든 지분권자만 되면 지분권자가 가지게 되는 권리를 가질 수 있기 때문이다.

"취지는 알겠는데 어떻게 매입하느냐가 관건이 될 듯합니다."
"광고하면 됩니다."
"광고비가 많이 들지 않을까요?"
"효과적인 방법이 있습니다."
"광고를 본다고 해도 지분권자가 쉽게 결정할 수 있을까요?"
"답답해서 찾아오는 사람입니다. 주저할 이유가 없습니다."
"경매당한 물건의 지분을 매입해본 적 있으신가요?"
"경매로 지분을 확보할 때보다 훨씬 유리합니다."
"왜 그런가요?"

매각을 의뢰한 지분권자를 통해 해당 물건의 기본적인 정보 등을 알 수 있기 때문이다. 심지어 다른 지분권자들의 상태까지도 정확하게 파악할 수 있게 된다.

"콩깍지로 콩을 볶는 비극을 경험하게 됩니다."
"지분이나 상속 등으로 갈라선 형제들의 다툼은 차마 눈 뜨고 보기 힘들 때가 많습니다."

일제 때 일본으로 건너가 죽을 고비를 수없이 넘겨가며 자수성가한 늙은 아비가 아직 살아 있는데, 두 아들은 현해탄을 사이에 두고 평생을 써도 시간이 부족할 만큼의 돈을 가지고 있으면서도 자기가 더 가지겠다고 서로를 죽일(?) 듯이 사생결단하는 형제들과 다를 것이 별로 없다.

"치열하게 벌어지고 있는 그들만의 리그가 볼 만하죠!"
"크기만 다를 뿐 내용은 완전히 똑같습니다."

이 판에 이르면 형제 일가끼리 '조금씩 양보해서 마무리하자!'가 아니다.

"처음에는 '너는 죽고 나는 살자!'로 상속재산을 둘러싼 형제간의 싸움이 시작되지만, 이 단계는 몸 풀기 전초전에 불과합니다. 몇 번 험한 이야기가 오가면 그때부터는 싸우는 자세가 훨씬 진지하고 치열해집니다."

이 단계에서부터는 당사자 사이에서 '나도 죽어도 좋다!'라는 맹목만 남는 사생결판이 벌어지고, 지분 투자자는 팔짱 끼고 구경하다가 아무나 죽고 나면 어부지리를 취한다.

"지분이나 채권으로 이 판에 끼어든 투자자는 단순히 구경만 하는 것이 아니고, 양쪽에 적당한 장작거리를 제공합니다."

### 지분경매 독점경매 공유펀딩 [53]

대부업법 개정에 맞춰 새롭게 서비스를 재개한 '지분경매 독점경매 공유펀딩'은 국내 유일의 공유지분 부동산 투자 및 대출 전문 회사다. 그리고 공유펀딩은 다음과 같은 특징이 있다.

* **노하우** : 이 분야 최고의 전문가와 소속 구성원은 수년간 지분 부동산 특수물건(도로, 하천, 임야, 채권, 법정지상권 등)에 대한 탁월한 노하우를 보유하고 있다.

---

53) 이 책 공저자인 최 선생이 지분경매 공유펀드 대표이사로 전체를 이끌고 있다.

* **상품 선정** : 단순한 소개가 아닌 내부의 엄격한 기준을 통과한 우량 상품만을 선정한다.

* **투자 전문회사 연계** : 부실 발생 시 공유부동산금융그룹 산하의 투자 전문 회사와 연계해 투자금 회수를 진행한다.

* **안전성, 고수익** : 업계 최저 부실율을 목표로, 고수익(14% 이상)을 추구하는 상생금융 P2P 플랫폼이다.

공유펀딩은 공유지분 독점경매 투자의 새로운 패러다임을 만들어갈 것이다(www.공유펀딩.kr, www.gyfunding.com).

### 쓰레기채권 매입을 위한 세 개 회사가 필요

전국의 쓰레기채권 매입을 위한 세 개 회사의 역할은 다음과 같다. 첫 번째는 대부업무를 위한 회사다.

"이미 업무를 하고 계시네요?"

두 번째 회사는 대출 업무 전담회사다.

"시중의 일반 P2P 회사와 차이점이 뭔가요?"
"지분 투자자들에게 가장 큰 애로 중 하나가 뭘까요?"
"경락융자가 안 되는 부분 아닌가요?"
"바로 그 부분의 애로를 우리 회사가 해결해주겠다는 겁니다."
"꿩 먹고 알 먹겠다는 거네요."
"이해 잘 하셨습니다."
"아무래도 지분물건 융자니 이율은 좀 더 높을 거고요. 금액도 비교적 소액일 가능성이 높고, 이래저래 나쁘지 않네요?"

지분물건 잔금대출에는 숨어 있는 2인치가 또 있다. 세 번째 회사는 지분 매물을 매입하는 조직이다.

"경매뿐만 아니라 매입을 통해서도 지분을 확보한다는 전략이시네요!"

"전국화를 만들어 보여드리겠습니다."

**'독점경매+공유지분'이라는 강력한 신무기**

필자는 2012년에 시작했던 경매 NPL 투자에 '독점경매+공유지분'이라는 강력한 신무기 하나를 더 추가한다.

---

**독점경매(only공유지분)특강**

"경쟁하지 않고
독점하고 싶다"

2018. 2. 27.(화) 오후7시

우형달 경매 NPL 카페
공유부동산금융그룹

앞의 표지는 2018년 2월 27일에 진행했던 공유지분 특강 안내 책자 표지다. 그날 특강과 6회차 단기 수업을 들으셨던 많은 분들은 소액 단기 투자가 가능한 노하우를 배웠다. 필자는 우리나라 최초로 '공유지분 독점경매 주말 집중반'을 전격 개강했다. 공유지분경매로 전국을 석권할 준비는 이미 끝냈고, 오시면 함께할 수 있다.

| 회차 | 공유지분 독점경매 주말 집중반 강의내용 | 강사 |
| --- | --- | --- |
| 1주차 | 개강 및 강좌 소개, 본인 소개, 독점 공유지분 구조 설명 | 우형달 |
| 2주차 | 경매 특수물건과 공유지분물건 및 투자 구조 이해 | 우형달 |
| 3주차 | 도로, 하천, 임야 등이 공유지분일 때 투자 구조 및 투자 사례 | 최성* |
| 4주차 | 공유지분과 후순위 채권 투자 관계, 공유지분 전국 체인화 설명 | 최성* |
| 5주차 | 공매물건 중 특수물건인 지분물건 투자 구조 이해하기 | 김재* |
| 6주차 | 특수물건 배당식, 토지 별도 등기, 법정지상권, 묘지 투자 사례 | 우형달 |

우리처럼 집중적으로 '독점경매+공유지분+후순위 NPL'을 강의하는 곳은 전국에서 아마 처음일 것이고, 종강 후에도 다양한 방식으로 수강생분들의 실력 향상과 홀로서기를 돕겠다.

### 독점경매+공유지분+후순위 NPL 주말 집중반 **기 개설 개요

① 개강 일시 : 2018년 **월 **일(토), 오후 2시.
② 수업 일시 : 2018년 **월 **일(토) ~ **월 **일(토) 6주간.
③ 수업 시간 : 토요일 오후 2시~7시(총 6주, 30시간).
④ 강의장 : 지하철 2호선 강변역 강변테크노마트 강의장.
⑤ 수강료 : **만 원.
⑥ 수강료에 대해 현금영수증 또는 계산서 발행.
⑦ 서울시 교육청 수강료 환불 규정이 적용됨을 알려드림.
⑧ 다음 카페 '우형달 경매 NPL' 검색하면 상세정보 확인 가능.

### 독점경매 지분경매 **기분께 드리는 특별한 혜택

종강 후 특별 평생회원으로 가입을 원하시는 분들은 약간의 심사(?) 후 허락된 분에 한해서 강변테크노마트 사무실로 출근(?)하셔서 실력자가 될 때까지 이 책의 공저자인 최 선생님에게 본격적으로 지분경매를 배울 기회를 드리겠다.

　서울 강변테크노마트 지하 신한은행 옆에 마련한 지분경매 독점경매 보금자리 사진이다. 후순위 가압류채권을 산다는 문구에 어리둥절해하시는 분들의 표정이 보이는 듯하다.

　한 걸음 더 나아가 경매 중인 지분물건도 매입하고 있다. 그리고 지분물건을 낙찰받으신 분들 중에 경락잔금 알선도 도와드리는 사업도 하고 있고, 그리고 지역본부, 대리점 개설을 통해 전문 투자자로 독립하게 도와드리고 있는 중이다.

경쟁하기 싫은 경매 투자자들의 신세계
# 지분경매, 공유지분, 독점경매

**제1판 1쇄** 2018년 12월 15일
**제1판 2쇄** 2020년 1월 25일

**지은이** 우형달, 최성남
**펴낸이** 서정희
**기획제작** ㈜두드림미디어
**편 집** 배성분
**마케팅** 김형진, 이진희

**펴낸곳** 매경출판㈜
**등 록** 2003년 4월 24일(No. 2-3759)
**주 소** (04557) 서울시 중구 충무로 2(필동 1가) 매일경제 별관 2층 매경출판㈜
**홈페이지** www.mkbook.co.kr
**전 화** 02)333-3577(내용 문의 및 상담)    02)2000-2645(마케팅)
**팩 스** 02)2000-2609    **이메일** dodreamedia@naver.com
**인쇄·제본** ㈜M-print 031)8071-0961
**ISBN** 979-11-5542-858-0 03320

책값은 뒤표지에 있습니다.
파본은 구입하신 서점에서 교환해드립니다.

이 도서의 국립중앙도서관 출판예정도서목록(CIP)은 서지정보유통지원시스템 홈페이지(http://seoji.nl.go.kr)와
국가자료공동목록시스템(http://www.nl.go.kr/kolisnet)에서 이용하실 수 있습니다.
(CIP제어번호 : CIP2018037635)

# 부동산 도서 목록

   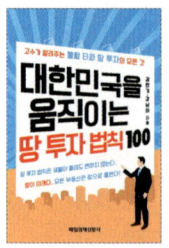
   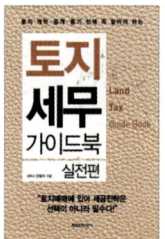

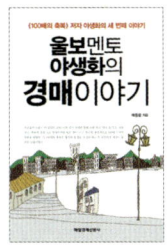

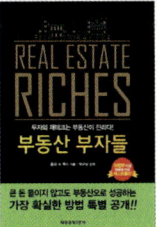

# 부동산 도서 목록

   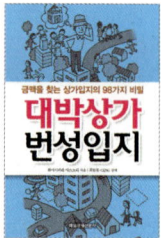

**두드림미디어**
경제·경영, 재테크, 자기계발, 실용서 전문 출판 임프린트

가치 있는 콘텐츠와 사람
꿈꾸던 미래와 현재를 잇는 통로

Tel : 02-333-3577
E-mail : dodreamedia@naver.com